あまのじゃくと精神療法

「甘え」理論と関係の病理

小林隆児　著

目次

はじめに 1

I 「甘え」理論にみられるアンビヴァレンス……11

一 アンビヴァレンス（両価性）とは何か 12

二 土居健郎と「甘え」のアンビヴァレンス 15

1 土居は面接においてどのようにしてアンビヴァレンスを捉えたか 15

2 土居はどのようにして「甘え」のアンビヴァレンスを発見したか 19

II 「関係」からみた「甘え」理論と精神療法……23

一 メタファと精神療法 24

1 土居の主張から 24
2 メタファと identification 29
3 「甘え」と原初的コミュニケーション 31
4 自験例から 34
●A男 七歳三カ月、小学二年 34
●B男 一八歳 37
5 メタファと精神療法 43

二 「関係」から読み解く土居論文「勘と勘繰りと妄想」 47

1 土居の主張について 47
2 自験例から 52
●C男 二歳一一カ月 52
3 「勘繰り」について 60
4 自験例から 61
●D子 二五歳 61
5 「勘繰り」論文の事例について考える 65

三 「甘え」と力動感（スターン）――「甘え」理論はなぜ批判や誤解を生みやすいか 68

1 「甘え」をめぐって 69

2　力動感（スターン）をめぐって　72
3　「甘え」と力動感　76
4　メタファと転移にみられる論理構造　81
5　スターンの提示した事例を「甘え」を通して考える　83

Ⅲ　乳幼児期の母子の関係病理――「あまのじゃく」……89

一　乳幼児期の母子関係からみたアンビヴァレンス　90
1　乳幼児期の母子関係の中で現れるアンビヴァレンス　91
2　アンビヴァレンスによる不安と緊張への対処行動　93

二　「関係」からみたアンビヴァレンス、「個」からみたアンビヴァレンス　99

三　母子間の関係病理としての「あまのじゃく」　101
1　乳幼児期早期におけるアンビヴァレンスとそのゲシュタルト　101
2　「あまのじゃく（天の邪鬼）」について　102
3　精神療法におけるトリックスターとしての役割　104
4　関係病理としての「あまのじゃく」　108

5 「あまのじゃく」の類語について 109

四 乳幼児期の関係病理はその後どのような経過をとるか 110

Ⅳ 「あまのじゃく」と精神療法――神経症圏に焦点を当てて……115

一 ライフ・ステージからみたアンビヴァレンスの現われ 116

1 学童期 116
●事例1 E子 八歳、小学三年 116
●事例2 F男 九歳五カ月、小学四年 120

2 前思春期 122
●事例3 G子 一〇歳六カ月、小学五年 122
●事例4 H子 一一歳四カ月、小学五年 131

3 青年期前期 135
●事例5 I男 一三歳六カ月、中学二年 135
●事例6 J子 一三歳六カ月、中学二年 137
●事例7 K男 一三歳一一カ月、中学二年 142

4　青年期中期　156
●事例8　L子　初診一四歳九カ月、中学三年／再初診一六歳九カ月、高校二年　156
5　青年期後期　162
●事例9　M子　一九歳、大学浪人　162
●事例10　N子　二二歳、ＯＬ　164
6　成人期　166
●事例11　P子　三〇歳　166
●事例12　Q男　三三歳　172
二　初期面接で捉えられたアンビヴァレンスの諸相　176
三　精神療法過程からみたアンビヴァレンスの変容過程　179
四　「関係」の中のアンビヴァレンスから「個」の中のアンビヴァレンスへ　181
V　精神療法でアンビヴァレンスを扱うことの治療的意義……183
一　精神療法の初期段階でアンビヴァレンスをいかに捉えるか　184

二　精神療法においてアンビヴァレンスを扱うことの意味　190
三　精神療法においてアンビヴァレンスをどう扱うか　192

Ⅵ　精神療法研究の原理を考える……201
一　人間科学におけるエヴィデンスとは何か　202
二　自然科学と人間科学は本質的にどのような違いがあるか　206
三　精神療法研究におけるエヴィデンスとは何か　210
四　関係病理としての「あまのじゃく」の意義について　212

おわりに　221

初出一覧

Ⅰ　「甘え」理論にみられるアンビヴァレンス――書き下ろし

Ⅱ　「関係」からみた「甘え」理論と精神療法

一　メタファと精神療法

「メタファーと精神療法」『精神療法』三六巻四号、五一七-五二六頁、二〇一〇

二　「関係」から読み解く土居論文「勘と勘繰りと妄想」

「関係からみた『勘と勘繰りと妄想』（土居健郎）」『精神療法』三七巻三号、三二七-三三六頁、二〇一一

三　「甘え」と力動感（スターン）

「『甘え』（土居）と"vitality affects"（Stern）―『甘え』理論はなぜ批判や誤解を生みやすいか」『精神分析研究』五六巻二号、一三四-一四四頁、二〇一二

Ⅲ　乳幼児期の母子の関係病理―「あまのじゃく」

一　乳幼児期の母子関係からみたアンビヴァレンス

「乳幼児期の自閉症スペクトラムを『甘え』の世界から読み解く」『そだちの科学』二一号、二八-三四頁、二〇一三

二　「関係」からみたアンビヴァレンス、「個」からみたアンビヴァレンス――書き下ろし

三　母子間の関係病理としての「あまのじゃく」――書き下ろし

四　乳幼児期の関係病理はその後どのような経過をとるか――書き下ろし

Ⅳ　「あまのじゃく」と精神療法―神経症圏に焦点を当てて――書き下ろし

Ⅴ　精神療法でアンビヴァレンスを扱うことの治療的意義――書き下ろし

Ⅵ　精神療法研究の原理を考える――書き下ろし

凡例

本書中の引用文は、特に注がない場合、ふりがなも含め原文のままである。
ただし、引用文中の〔　〕は著者が補った注記である。

はじめに

「甘え」理論と「甘え」のアンビヴァレンス

「甘え」理論（土居、一九七一）でつとに有名な土居健郎（一九二〇-二〇〇九）は、対人関係の底流で蠢《うごめ》いている情動の世界を巧みに言語化したわが国独特の文化である「甘え」にまつわる現象が、対人関係の心的理解においてことのほか重要であることに気づき、「甘え」に着目した精神病理と精神療法の道を切り拓いたのみならず、それを日本文化論にまで発展させていった。

土居がここまで自らの理論を発展させることができた最大の理由は、「甘え」の世界が人間関係および対象関係の原初段階を意味し、人間関係は「甘え」を基盤に形成されるものであることを喝破したからである。

「甘え」を享受するためには、常に他者を必要とし、本人のみの力でそれを自己充足することはできない。「甘え」は相手があって初めて可能になる。「甘え」を求める乳幼児は養育者に全面的に依存しなければ、それを享受することができないが、それにもかかわらず、養育者はそれを無条件に受け入れることは容易ではない。というよりも、それは原理的に不可能と言ってもよい。なぜなら、養育者はいつまでも子どもを甘えさせておくわけにはいかないし、さらには養育者自身の人生におけるさまざまな負の体験が子どもの「甘え」を受け入れることを困難にすることも少なくないからである。そこに必然的に「甘えたくても甘えられない」というアンビヴァレンスが生み出されることになる。その結果、人間関係の原初段階で経験するアンビヴァレンスは、その後の成長過程での人間関係に複雑な影を落とし、さまざまな人間模様を描き出すが、多彩な精神病理現象においても、その基底に「甘え」にまつわる病理としてのアンビヴァレンスが深く関与することになる。このことを土居は自らの精神療法の実践を通して看取することによって、次々と優れた精神病理学的論考を生み出していった。

日本人のこころを日常語で理解する

これも「甘え」理論の基調をなしていることだが、精神療法において人間の心を理解するという営みは、その国独自の文化的背景を抜きには考えられない。日本人であれば暗黙のうちに日本文化を身に纏《まと》い、自ずから日本語を用いて対人関係を営んでいる。心のありようのゲシュタルトはその国のことば文化と切っても切れない不可分な関係にある。このことは改めて取り上げるまでもなく、至極当然のことであるはずだが、実際の臨床においては未だに欧米で生まれたさまざまな精神療法の技法が輸入され、聞き慣れない翻訳語を駆使して用いられていることが多い。当時の精神科医がカルテをドイツ語で記載するのを見て素朴に疑問を抱いた土居は、日本人のこころについて日本語で論じなければ本当にわかったことにならないという強い信念のもとに、「甘え」をはじめとする身近な日常語を駆使して精神病理をわかりやすく紐解いてみせた（土居、一九九四）。

乳幼児期にみられる「甘え」のアンビヴァレンス

これまで長年、筆者は自閉症をはじめとする発達障碍を主な対象に臨床と研究を蓄積してきた。特にこの二〇年あまりは、乳幼児期の子どもと主たる養育者である母親との関係に深刻な問題を抱える事例を対象に、なぜ母子関係が深まらないのか、その要因を探るとともに、その関係修復を試みてきた。このような試みを筆者は「関係発達臨床」と称してきたが、そこで筆者が確かな手応えとして掴《つか》んだことは、乳幼児期早期の母子関係の成立を阻んでいる最大の要因は子どもにみられる「甘え」のアンビヴァレンスにあるということであった。筆者が出会った子どもたちはみな、母親に対して「関心を向けてほしい」、「相手をしてほしい」、「抱っこしてほしい」といった思い、つまりは「甘えたい」という気持ちを大なり小なりなんらかの形で示しながらも、いざ母親が相手をしようとすると、回避的反応を示し、まるで「甘えたくない」かのような行動を示す。このような子どものこころに、筆者は「甘えたくても甘えられない」という情動（こころ）の動きとしてのゲシュタルトを感じ取り、それを「甘え」のアンビヴァレンスと呼ぶようになった。[*1] しかし、このアンビヴァレンスがなぜ起こるのか、しばらくは確信が持てず、その理由については曖昧に済ませてきた。

筆者が「関係発達臨床」を本格的に実践するようになったのは二〇年ほど前に遡《さかのぼ》るが、当時はアンビヴァレンスの起こる原因を子どもの知覚過敏によるものであろうと確証のないまま述べていた。子どもと母親との関係そのものを取り上げている筆者の臨床は、当時、母原病の再来だとの激しい非難を浴びていたことから、アンビヴァレンスの原因を子どもの素質に帰すことによって、非難の矛先を少しでもかわそうとの思いになった。

＊1　当初、筆者はこの独特な母子関係のありようについて、動物行動学的視点に立つJohn Richer（1993）の影響を受けて接近回避動因的葛藤approach-avoidance motivational conflictと称していた（『自閉症の関係障害臨床』ミネルヴァ書房、二〇〇〇：『自閉症と行動障害』岩崎学術出版社、二〇〇一）。しかし、その後、鯨岡峻氏から子どもの行動ではなく、心の動きに着目するようにとの助言を受け、以来「甘え」のアンビヴァレンスと称するようになった。

があったことを率直に告白しなければならない。

ある書評での小倉清氏の指摘

しかし、自閉症の関係発達臨床に関して筆者が初めて一般向けに纏《まと》めた『よくわかる自閉症』（小林、二〇〇八）を上梓した際に、小倉清氏が本書を書評で取り上げて下さった（小倉、二〇〇八）。そこで小倉氏は、筆者がアンビヴァレンスの原因を知覚過敏に帰していることについて率直に批判され、以下のように指摘された。

私の考えでは、ごく早期の原初的な愛着体験がうまく身につかない結果として知覚過敏が起こり、そこに生じる悪循環そのものがすなわちアンビヴァレンスであるといいたい。[*2]では原初の愛着体験がなぜうまくいかなかったのか。赤ちゃんはまわりの人にまずは絶対的に依存する。しかし一般に依存される側の人には世代にわたる問題、夫婦間の問題、親になることについての問題などさまざまの事柄がある。赤ちゃんがごく早期において鋭い観察力を身につけざるを得ないのにはそれなりの状況があるものなのである。

「甘え」は相手次第で享受されるか否かが決定されるけれど、その相手にはいろいろな事情があるために、「甘え」の享受には多くの困難が待ち構えている。そこにアンビヴァレンスが生まれる必然性があるとの指摘である。それまで筆者はアンビヴァレンスの成り立ちについて、どこかすっきりしない、割り切れない思いを抱き続けていたので、この小倉氏の指摘によって、筆者のそれまでの迷いは払拭され、関係の視点からアンビヴァレンスの問題を捉えることにやっと確信めいたものを持つことができるようになった。

乳幼児期のアンビヴァレンスを具体的な行動として捉える

およそ二〇年前に開始した「関係発達臨床」の実践は、以来一四年間蓄積してきたが、その後しばらくは日常の忙しさに追われ、その成果を纏めることができなかった。しかし、三年ほど前に古巣の福岡に戻る機会を得て、やっと心のゆとりを取り戻すことができた。そこで長年の課題であった一四年間の「関係発達臨床」の研究成果をまとめることに着手した。その成果が昨年（二〇一四年）上梓した『「関係」からみる乳幼児期の自閉症スペクトラム』（小林、二〇一四a）と『甘えたくても甘えられない』（小林、二〇一四b）の二冊である。

特に前書で筆者は〇歳から五歳台まで五五例を対象に、その母子関係の様相を新奇場面法（Strange Situation Procedure：SSP）（Ainsworth et al., 1978）を用いて観察した結果を纏めた。なかでも〇歳台から二歳台までの生後三年を詳細に取り上げることによって、「甘え」のアンビヴァレンスが乳幼児期早期にどのような様相を呈するかを具体的に記述し、その特徴を抽出した。

この作業を通して、筆者は大きな手応えを感じ取ったが、それは土居の「甘え」理論の鍵概念である「甘え」のアンビヴァレンスを乳幼児期の母子関係の中に具体的に捉えることができたからである。土居自身が「甘え」に着想を得た際に「非常に豊富な鉱脈を探りあてたような感じがあった」（『甘えの構造』、一二頁）と当時の思いを吐露しているが、筆者の思いもそれと重なるものがあった。なぜなら、土居が「甘え」のアンビヴァレンスの重要性を発見したのは精神療法の実践からであるが、その対象はすべて成人患者であった。そ

＊2　引用文献では「アンビバレンス」と記載されているが、ここでは「アンビヴァレンス」に統一した。

れゆえ、幼少期の「甘え」体験は面接の中で語られたものである。それに比して、筆者は乳幼児期早期の母子関係の観察から直接把握したものであるという決定的な違いがあったからである。筆者は「甘え」のアンビヴァレンスを個人の中に主観的に生起するものであると同時に、客観的な行動として生々しく捉えることもできるものとなったのである。

この確かな手応えを得たことで、それまで以上に筆者は「甘え」のアンビヴァレンスを日々の臨床において観察することが容易にできるようになるとともに、次第に、乳幼児期のみならず、学童期、思春期・青年期、さらには成人期に至るまで、どのような年齢層の患者においても「甘え」のアンビヴァレンスが精神療法を実践するにあたって中心的問題となることを実感するようになった。そしてさらには、患者の臨床診断（発達障碍、神経症圏、精神病圏など）や病態が如何なるものであっても、そこには必ずといっていいほど「甘え」の問題、つまりはアンビヴァレンスを見て取ることができるようになった。

以上、これまでの臨床研究の歩みを振り返りながら、なぜ筆者が土居の「甘え」理論に着目するようになったかを論じた。

この度、筆者が本書を纏めようと思い立ったのは、筆者の「関係発達臨床」の立場から「甘え」理論を再照射することによって、改めて「甘え」理論の今日的意義を検討したいとの思いからである。

先にも述べたように、成人期を対象とする精神療法において捉えられたアンビヴァレンスは「主観」ないし「間主観」の域で捉えられたものとはいえ、もうひとつ判然としないところがあったことは否めない。それに対して筆者は乳幼児期の母子関係を直接観察する中でアンビヴァレンスを把握することができたことによって、その成り立ちを含め、多様な精神病理とその精神療法について、より実証性をもって論じることができるのではないかと考えたからである。

本書の構成

第Ⅰ章では、「甘え」理論における鍵概念である「甘えたくても甘えられない」こころとしてのアンビヴァレンスは具体的にどのようなかたちで面接の中で把握されるものなのか、これまでの土居の著作を紐解いて検証する。

第Ⅱ章では、土居の代表的な論文を素材に、筆者の立場から「甘え」理論を再照射することによって、改めて何が見えてくるかを論じる。

第Ⅲ章では、土居のいうアンビヴァレンスが実際の乳幼児期の母子関係において、具体的にどのような表現型として体現されているのかを、筆者の最近の研究成果から示す。

そしてそこで見出した母子間の関係病理としてのアンビヴァレンスを「あまのじゃく」として概念化できることを示し、その意義を論じる。

第Ⅳ章では、筆者が行った精神療法の実践を通して、アンビヴァレンスが面接の中でどのようなかたちで表現されるのかを具体的に示すとともに、それをどのように扱うことによって精神療法が治療的意味を持つに至るのかを、学童期から成人期までのライフ・サイクル別に事例を提示しながら論じる。

なお、ここでは発達障碍および精神病圏の事例は取り上げていない。学童期以降成人期までの神経症圏のみを扱ったのは、主に成人を対象に日々の臨床を実践している臨床家にとって、少しでも馴染みのあるものを対象に論じた方が理解を得やすいのではないかと思ったゆえだが、さらに精神病圏については改めて本格的に論じる必要があると考えてのことである。

第Ⅴ章では、精神療法においてアンビヴァレンスを取り上げることがなぜ治療的な意義を持つのか、精神療法の存在意義について論じてみたい。

第Ⅵ章では、今日のエヴィデンス重視の研究動向の中で、臨床精神医学の根幹をなす精神療法においてその研究と方法はどのようにあるべきかを論じる。このことを充分に認識していないがゆえに、今日の臨床精神医学が精神療法を軽視し、薬物療法主体の治療になっているのではないかと考えたからである。

最後に、本来であれば発達障碍を含めて論じることが本書で主張したいことをもっとも説得力をもって論じることができるのではないかとも思ったが、昨今の発達障碍理解を考えると、発達障碍に関する精神療法については、新たに稿をおこしてより精緻に論じる必要があると考え、今回は意図的に取り上げていない。

文献

Ainsworth, M. D. S., Blehar, M. C., Waters, E. & Walls, S. (1978). *Patterns of Attachment: A psychological study of the strange situation.* Hillsdale: Lawrence Erlbaum Associates.
土居健郎（一九七一）『「甘え」の構造』弘文堂.
土居健郎（一九九四）『日常語の精神医学』医学書院.
小林隆児（二〇〇〇）『自閉症の関係障害臨床』京都、ミネルヴァ書房.
小林隆児（二〇〇一）『自閉症と行動障害』岩崎学術出版社.
小林隆児（二〇〇八）『よくわかる自閉症』法研.

小林隆児（二〇一四ａ）『「関係」からみる乳幼児期の自閉症スペクトラム』ミネルヴァ書房.
小林隆児（二〇一四ｂ）『甘えたくても甘えられない』河出書房新社.
小倉清（二〇〇八）「本との対話　小林隆児著『よくわかる自閉症――関係発達からのアプローチ』」『そだちの科学』一四、一二六頁.
Richer, J. M. (1993). Avoidance behavior, attachment and motivational conflict. *Early Child Development and Care*. 96, 7–18.

I

「甘え」理論にみられるアンビヴァレンス

本書の冒頭でまず考えてみたいのは、土居健郎が「甘え」理論の中核的な概念であるアンビヴァレンスになぜ着目するようになったのか、さらにはそれを精神療法の中でどのように捉え、扱ったのかという問題である。そのために筆者は彼の代表的な論文を中心に改めて読み直して検証することにした。

その手始めにアンビヴァレンスとは何かを解説しよう。

一　アンビヴァレンス（両価性）とは何か

アンビヴァレンス（英）ambivalence（独）Ambivalenz は、同一の対象に対して、愛と憎しみ、友好的態度と敵対的態度のような、相反する心的傾向、感情、態度が同時に存在する精神状態を指し、「両価性」とも訳されている（小此木、一九九三）。

アンビヴァレンスが精神医学の領域で最初に登場したのは、オイゲン・ブロイラー Eugen Bleuler（1911）が統合失調症にみられる基本症状のひとつとして取り上げたことによる（ブロイラー、一九七四）。アンビヴァレンスは統合失調症に顕著に認められるとしながらも、その後、彼はアンビヴァレンスについて詳細に紹介した論文『両価性』[*3]（Bleuler, 1914）の中で、

正常の両価性とはわれわれの精神的制御機制一般の表現である。すなわち、われわれの筋肉運動は作動

筋と拮抗筋との協同作用として制御されており、その科学的過程は相互に対立的に作用する無数の物質の組み合わせによって制御されている。(一四五頁)

と論じ、アンビヴァレンスを正常な心身機能においても普遍的に認められるとし、人間の心的世界に通底するものだと考えるようになった。

たしかにアンビヴァレンスという心性は誰にでも存在するが、ここで彼自身が身体機能にまでアンビヴァレンスを拡大解釈していることについて筆者は疑問をもつ。なぜならここで彼が身体機能におけるアンビヴァレンスとしているものは拮抗的に作用するものとしての相補性であるからである。

アンビヴァレンス(両価性)と類似の概念として両義性 ambiguity がある。両者は一見類似の概念に思われるかもしれないが、厳密にはまったく異なったものである。前者は相反する感情や観念が同居して同時的に機能している状態を指すが、後者はそもそも人間の心身機能自体には正反対の機能が備わり、それが相互に拮抗しながらバランスを取ることによって健全な状態を保っていることを前提にしているからである。その意味で先のブロイラーのいうアンビヴァレンスは「両義性」と表現することが望ましいのではないか。

身体機能の例として上下肢の筋肉運動を取り上げるとわかるように、伸筋と屈筋が相互に拮抗することによって筋肉運動はバランスのとれた状態になる。そこにはフィードバック機能が働いているからであるが、

＊3 人見一彦監訳版では「両価性」と訳されているので引用はそれに倣ったが、本書では「アンビヴァレンス」に統一した。

それ自体は両義的とはいえても両価的とはいえないからである。

つまり、本来の心身の機能は両義性を有するが、それがなぜ両価性を強く生み出すことになるのか、という問題の立て方によって、このアンビヴァレンス（両価性）の問題に肉薄していくことができると考えられるのである。

もしも拮抗する機能が相互に調整されず、両者ともに強く機能した状態にあれば、身体運動自体に滑らかさが失われることになる。統合失調症に認められるカタトニアの病態はその典型的な姿であると考えられるのである。

したがって、人間は本来両義的存在であり[*4]、時と場合によってその両者のバランスが崩れると、両価性が顕在化することになるのではないか。両価性にまつわる問題を立てる際には、心身機能としての両義性がいつどのようにして両価性の際立つ状態になるのか、その要因を探ることが重要になると考えられるのである。

二　土居健郎と「甘え」のアンビヴァレンス

1　土居は面接においてどのようにしてアンビヴァレンスを捉えたか

土居が初めてアンビヴァレンスの重要性に気づき、それを論文で取り上げたのは、学位論文のひとつとして発表した「神経質の精神病理――特に『とらわれ』の精神力学について」（一九五八）においてである。そこで彼は以下のように明言している。

「甘えたくとも甘えられない心」という言葉で表現し得るような精神状態の一つのゲシュタルト（Gestalt）は神経質患者に特有なものであると、私は考えている。（土居、一九九四、二五頁）

ここで注目すべきは、「甘えたくても甘えられない心」というアンビヴァレンスのこころの動きを「ゲシュ

＊4　人間が本来両義的存在であることを自らの発達心理学の支柱に据えているのが鯨岡峻氏の「関係発達論」である（鯨岡、一九九八）。

タルト」と表現していることである。なぜなら、ことばにならない患者のこころの動きを治療者自らが感じ取った上で、そのゲシュタルトとして表現したところに、このアンビヴァレンスがいかなるかたちで把握されたものかをうかがい知ることができるからである。

アンビヴァレンスは非言語的、情動的性質のものであるゆえ、それを捉えるには精神療法過程で自ら感知するしか術はない。そのことを土居（一九九七）は以下のように述べている。

精神分析の立場から精神療法を学習する場合主眼となることは、治療即研究であること、治療の実体は治療者患者間の相互関係であること、治療は真実性に基づかねばならぬこと（六一頁）

ここで土居がいう「治療者患者間の相互関係」とは、精神療法という営みは、治療者と患者の間で互いに影響し合いながら動き続けるこころのありようを、常に二者間に生起するものとして捉えていなければならないということである。このことは本書のテーマであるアンビヴァレンスを精神療法（面接）の中で感じ取りつつ味わうためにぜひとも忘れてはならない。

先にも述べたようにそもそもアンビヴァレンスは、他者に対して抱く情動のありようであることを考えると、この二者間の動きをその場で生のかたちで感じ取ることがアンビヴァレンスを捉える上で不可欠だということである。このようなかたちでしか捉えることのできない「現実」は「アクチュアリティ」といわれるものである。ここで注意を要するのは、同じように「現実」を意味し日常的によく用いられている「リアリティ」との異同についてである。

「リアリティ」と「アクチュアリティ」との差異について木村敏（一九九四）は以下のように説明している。

「現実」を言い表す言葉には、「リアリティ」realityと「アクチュアリティ」actualityの二つがあることは、だれでも知っている。しかし、この二つはまったくの同義語というわけではない。それは二つの語源をたずねてみればすぐ分かることだ。「リアリティ」はラテン語の「レース」resつまり「事物」という語から来ていて、事物的・対象的な現実、われわれが勝手に作りだしたり操作したりすることのできない既成の現実を指す場合に用いられるのが原義である。これに対して「アクチュアリティ」のほうは、ラテン語で「行為」「行動」を意味する「アクーチオー」actioから来ている。したがってそれは現在ただいまの時点で途絶えることなく進行している活動中の現実、対象的な認識によっては捉えることができず、それに関与している人が自分自身のアクティヴな行動によって対処する以外ないような現実を指している。（二八-二九頁）

このことを踏まえれば、アンビヴァレンスを捉える際の現実とは、まさにこの「アクチュアリティ」の問題だということがわかる。

しかし、これまで精神医学や臨床心理学などを含む人間科学においてこの「アクチュアリティ」の問題が真正面から取り上げられることは極めて乏しかったがために、「アクチュアリティ」がどのような性質のもので、それをいかにして取り上げることが可能なのか、ということがほとんど検討されてこなかった。その最大の理由は、アクチュアリティが一瞬たりとも固定することができないという性質を有するがゆえに、誰にでも眼に見えるかたちで指し示すことは困難で、「客観性」を重視する科学の立場では扱う術がわからなかったからである（三〇頁）。

そのため土居も面接の中でいかにしてアンビヴァレンスを捉えればよいか、その説明には苦慮していたことが伺われる。晩年になってやっと彼は次のように述べている。

（集団療法でいかにして患者を理解するかについて語る中で）この甘えとアンビヴァレンスとは実は背中合わせなのである。（中略）したがって、その辺の事情を承知していれば、日本人のグループ過程に伴う葛藤を十分に捉えることが可能になるのである。それはしばしば非常に微妙な、それこそ言語化されないような、声の抑揚、身振り手振りといったような所作であることが多い。ただ、このような微妙な手掛かりを捉えるためには、治療者自身、十分「甘え」の心理に習熟していなければならないだろう。なによりも自分の甘えがわかっていなければならない。言い換えれば自分のアンビヴァレンスが見えていなければならない。そしてそれこそ最も困難なことであるといわなければならないのである。（『臨床精神医学の方法』二六－二七頁）

アンビヴァレンスは「微妙な、言語化されないような、声の抑揚、身振り手振りといったような所作」として表現されるという。ここに土居が観察可能な患者の微妙な言動を通してそのアンビヴァレンスをどのようにして感じ取っていたか伺い知ることができる。

2　土居はどのようにして「甘え」のアンビヴァレンスを発見したか

土居は「甘え」理論の着想が思い浮かんだのは、若い頃に渡米し、そこで体験したカルチャーショックによると『甘えの構造』（一九七一）で語っている。

初めて訪れた所で飲み物を勧められたが、すぐに要求するのは憚られて断ると、それ以上勧められなかったため、本当は欲しかったのに、と後悔するとともに、なぜもう少し客の思いを推し量るようなことをしないのか、いたく疑問に思ったことや、アメリカの精神科医が患者の「甘え」と思われる心理にいたく鈍感で、配慮をしないことへの驚きだったという。

さらには、日本で、あるアメリカ人の患者家族と面接をしている際に、母親が子どものことを英語で述べている最中に、突然「甘えなかった」と「甘え」を表現する時だけ日本語を用いたことへの驚きと、その母親が英語で表現できないから「甘え」という日本語を用いたことを知り、土居は「甘え」が日本独特の文化から生まれた非言語的、情動的な意味合いの言葉であることを痛感するとともに、人間の深層心理を理解する上で大きな手掛りとなる手応えを感じ取ったのである。

このように「甘え」が人間の深層心理や精神病理を理解する上で極めて重要だということに土居が気づいたのは、成人になってからの渡米生活での体験だと述べているが、実はそうではなくて、彼自身の乳児期の体験にあることを、土居健郎の人生をもっとも身近なところで知り尽くしている小倉清氏は筆者との対談（小倉・小林、二〇一一）でつぎのように語っている。

土居先生がね、三カ月、生まれて三カ月の赤ちゃんの時、三カ月だよ。三カ月の時に自分のお母さんが自分におっぱいを与えるのを嫌がった、というのを感じるの。そして、なんでこの人は自分におっぱいを与えるのを嫌がるんだろうって訝るんだ、考えるんだよね。そういう体験を土居先生ははっきり持ってるの。そういう記憶をはっきり持っているの。それ以来自分はどんな状況であっても、いったいなぜこうなんだって、どうしてこんなことになるんだということを考える癖がついた。生後三カ月以来ね。お母さんがどうして三カ月の頃に、おっぱいを与えるのを嫌がったのか分かんないけどさ。（中略）土居先生の「甘え」についての原初的体験はそこにある。だからアメリカへ行ってから、カルチャーショックを受けて「甘え」を思いついたと『「甘え」の構造』には書かれているけど、本当のところはそうじゃない。生まれて三カ月の時に思ったんだよ。だけども、そのことは土居先生も忘れていたんだよね。ところがね、晩年になって思い出すんだ。（〔筆者〕自分から語られた？）そう。でもね。そのとき「実は……」って言ってね、前々から思ってたんだけどって言ったんだよ。前々から思っていたんだけども、ここで言うのはいまが初めてなんだって言って。私に車の中で語ったんだよ。（〔筆者〕それはおいくつの時ですかね？）八〇歳くらいだね。今の私の年齢くらいだ。（五二-五三頁）

土居の生後三カ月という乳児期早期の記憶が鮮明に残っていること自体驚きであるが、土居のこの体験と記憶が「甘え」の重要性を気づかせる根っこにあったことを思うと、患者の「甘え」体験に対する土居の観察眼はこのような幼少期体験と切り離して考えることはできない。

このように土居の乳幼児期の「甘え」体験が自己理解そして他者理解において最大の手掛りであったこと

と、精神療法という治療的な営みがどのような関係にあるかをわれわれは考えていかなければならない。それは後の章で取り上げる。

文献

オイゲン・ブロイラー〔飯田真・下坂幸三・保崎秀夫・安永浩訳〕（一九七四）『早発性痴呆または精神分裂病群』医学書院. Bleuler, E. (1911). *Dementia Praecox oder Gruppe der Schizophrenien*. Leipzig und Wien: Franz Deuticke.
オイゲン・ブロイラー〔人見一彦監訳、向井泰二郎・笹野京子訳〕（一九九八）『精神分裂病の概念――精神医学論文集』学樹書院、一三五-一五七頁. Bleuler, E. (1914). *Die Ambivalenz*. Festgabe zur Einweihung der Neubauten der Universität Zürich 18.IV. (Festgabe der medizinischen Fakultät). Zürich: Schulthess & Co. 1914, S. 95-106（抜粋）
土居健郎（一九五八）「神経質の精神病理――特に『とらわれ』の精神力学について」『精神神経学雑誌』六〇、七三三-七四四頁／土居健郎（一九九四）『日常語の精神医学』医学書院、九-二九頁所収.
土居健郎（一九七一）『「甘え」の構造』弘文堂.
土居健郎（一九九七）『「甘え」理論と精神分析療法』金剛出版.
木村敏（一九九四）『心の病理を考える』岩波書店.
鯨岡峻（一九九八）『両義性の発達心理学』ミネルヴァ書房.
小倉清・小林隆児（二〇一二）「対談『甘え』理論と臨床を語る」小林隆児・遠藤利彦編『「甘え」とアタッチメント』遠見書房、三三-八七頁.
小此木啓吾（一九九三）「アンビヴァレンス」加藤正明ら編『新版精神医学事典』弘文堂、二六-二七頁.

II

「関係」からみた「甘え」理論と精神療法

一　メタファと精神療法

土居は、遺著となった『臨床精神医学の方法』（二〇〇九）の中で、精神科医としてのこれまでの自らの歩みを振り返りながら、自分が一生かけてやってきたことは何かについて率直に語っている（第十二章「臨床精神医学の方法論」、一五五―一七六頁）。その中で、精神療法がうまくなるためにはメタファ metaphor を解するようになることが重要であることを力説している。しかし、残念なことに、その理由についてこの書ではあまり多くは語られていない。メタファを解することと精神療法の腕を磨くことがどのように関係しているのであろうか。情動の世界である「甘え」に着目することと土居のこの主張がどのように繋がっているのか、筆者なりに考えてみたいと思う。

1　土居の主張から

勘繰りを繰り返してきた患者の体験から

土居は先の書の中でこれまでに治療してきた多くの患者の中で印象的であった一人として、勘繰り（土居は妄想を日常語でこのように表現している）を二〇数年間にわたって一貫して訴え続けていた統合失調症の女性を取り上げ、以下のように語っている。

最近患者がガラッと変わって、勘繰りをしなくなったんです。そして、「先生、もうあんまり考えなくなりました」といって、妄想を訴えなくなったんです。それで、一体どういう心境の変化かと聞いたところ、患者が笑いながら、「お餅が焼く網にくっつくでしょ。そのくっついてる網から餅がはなれたような気持です」とニコニコ笑いながら答えました。この人なんか、一体何が効いたのかわからないし、何もしなくても二〇年以上付き合ってると治るのかもしれない。まあよくわからない。（中略）妄想が取れるのをお餅が網から取れるような感じがするというのは、これはすごい metaphor です。暗喩、たくまざる比喩的表現です。これがわかる人は、精神科の医者としてうまくなると私は思うね。精神療法もうまくなる。metaphor は因果関係じゃないんです。identification と関係がある。metaphor によって事柄を理解するんですね。たとえば、精神分析的な治療の場合、転移ということをよく聞くでしょう。たとえば子どものときに親との関係の中で起きたことが、長じて、たとえば医者に対して同じことが転移として出てくるという。これは metaphor なんです。論理構造が metaphor なんです。ですから、metaphor 的な捉え方ができるようになれば、間違いなく、いい精神科の医者になれると思う。（一七四−一七五頁）

妄想がなくなった心境はどんなものかと尋ねられたこの患者は、おそらくしばし考えてから「お餅が焼く網にくっつくでしょ。そのくっついてる網から餅がはなれたような気持です」と語ったに違いない。なぜなら妄想がなくなった心境など誰もが体験しているものではないし、たとえそのような体験をした者でもその心境をことばにして語っている者などさらに稀有な存在だからである。これこそまさに唯一無二の患者固有の体験である。そのような体験を他者にどのように伝えるか、それは誰にとっても容易なことではない。

しかし、ここでよく考えてみれば気づくことであるが、そもそも人間にとってあらゆる体験はその人固有の体験であって唯一無二のものである。たとえ同じ場所で同じ（ような）ことをやったとしてもその人にとっての体験はその人独自の固有のものである。しかし、われわれは体験を他者と共有することを目指して、そこでの類似の体験を「ことば」によって共通のものにしていく。

ではそこで共通体験としての「ことば」がどのようにして生まれてくるのか、その過程を明らかにすることが、本章で取り上げたメタファの問題と深く関連してくると思われる。

抽象化

先の体験に限らず、われわれの身の回りに存在するさまざまな対象を例にとって考えてみるとすぐにわかることだが、たとえば「すいか」ひとつとっても、スーパーの店頭に並んでいる「すいか」ひとつひとつすべて色、形、重さなどが異なり、どれひとつとして同じ「すいか」はない。

このようにわれわれの日常世界における事象や対象には、厳密に全く同一なものは存在せず、各々独自性をもつ。しかし、われわれはそれらの中から何らかの共通性（属性）を取りだして、たとえばそれを「すいか」などと称している。このように似通った事象や対象の共通した一面を取り出してことばで表現する、この種の精神的営みは「抽象化」といわれるものである。このことによって、われわれは（知覚）体験世界を他者に伝え共有することが可能になる。

未分節な体験世界とことばによる分節化

以上述べたように、われわれが個人的に体験する世界は、本来一回性で、独自性をもち、全く同じ体験を再現することは原理的に不可能である。しかし、われわれは自分固有な体験であっても、他者のそれと共通な一面を取り出し、「ことば」によって切り分けて記憶することができる。その結果、われわれは自らの体験を他者と理解し合うことが可能になる。本来、体験世界は未分節で独自性の強いものだが、ことばによって体験世界を切り分けることにより、他者と共有することが可能になる。未分節な体験世界はことばによる分節化を通して共同性を有するのである。

私的体験版と共通体験版との狭間に潜む両義性

本来であれば、自己固有のものであるはずの体験が、ことばを通して公共性を持ち、共通体験版となるが、ここで両者の狭間にある種の危うさが生まれるのを忘れるわけにはいかない。当事者固有の私的体験版が公共的な意味を帯びて、共通体験版になるということは、その時点で自己固有の唯一無二性を失う危険性を持つことになるからである。自分の体験を誰かと共有したい、繋がり合いたいと思いつつ、その一方では自分にしかないもの、つまりは自分らしさをも失いたくないというある種のジレンマに陥ることにもなりかねないからである。このような体験とことばとの関係に潜む両義性を見て取ることが臨床を考える上で重要になってくる。このことは実際の精神療法を考えていく際に、とても貴重な視点を提供してくれることになるからである。

同一性あるいは同一視と「甘え」

似て非なる日常性の連続の中でのさまざまな体験、事象、対象を同じものだとみなすことをわれわれは普段暗黙裡に行っている。それは同一視 identification というこころの働きである。同一視の最初の体験は乳児が養育者を発見する中で起こる。いつも変わらず相手をしてくれる養育者は次第に自分に無くてはならないものとして浮かび上がり、慣れ親しむようになる。その結果、そこに立ち現れる養育者の存在が乳児にはいつも同じ対象であると実感されるようになる。これが精神発達の原初段階での同一視である。このことについて土居は同書で以下のように述べている。

先に「甘え」を以て対象関係を代表させたが、この語は語感からすれば親しい関係に伴う情緒を想像させる。これに引きかえ identification の場合は心の中で起きるある種の動きを指しているのであって、それ自体に情緒を示唆するところは全くない。この語はふつう同一視とか同一化と訳されることから明らかなように同一を意味する語から派生している。すなわち、同一視ならば同一と認めることであり、同一化ならば相手といわば合体することである。（中略）およそ何らかの対象関係が起きているところではなにがしかの同一化が起きていると想定してさしつかえないのではないか。いや、むしろ同一化によって対象関係が生起すると考えたほうがよいだろう。かくして「甘え」と同一化は概念としては全く無関係に見えながら、実は同じ事柄に関わっているということができる。（中略）同一視と同一化は同時に働くのであろう。同一視によって対象を認識し、同一化によってその対象と結びつくのである。（一二〇–一二一頁）

何らかの二つのものが同じであると認識する同一視が起こる際には、対象とのあいだに関係が立ち上がり、そこに「甘え」にまつわる気持ちの動きが働いているというわけである。いつも相手をしてくれる養育者がいつも同じ人（対象）であると認識するときには、そこに「甘え」が生起し、対象と合体しようとするこころの動き、すなわち同一化 identification を伴う。世話を焼いてくれる養育者を同じ対象として認識するというこころの働きには、「甘え」という情動の世界が深く関係しているということである。

2 メタファと identification

メタファについて

メタファ（隠喩）は、直喩と並んで修辞法のひとつとされている。直喩は「彼女の足はまるでカモシカのごとし（のようだ）」などの表現のように、喩《たと》える対象と喩えられる対象が直接比較され、両者の間に共通の特性が明示される。しかし、メタファは「時は金なり」などのように、喩えを用いながら、表面的には「〜のごとし」「〜のようだ」という表現形式をもたない喩え方を指す。このように修辞法とは、その表現を用いる当事者が意識的に用い、比較されている両者間の共通性が一般によく知られていることに特徴がある。

喩えるものと喩えられるものをつなぐ力動感

ここで考えたいのは、先に土居が取り上げた勘繰りを訴え続けた女性の「妄想がなくなったときの心境」とそのメタファである「くっついている網から餅がはなれたような気持ち」とをつなげているものは何かということである。両者に共通したある感じは、けっして視覚や聴覚といった五感で感じ取ったものではないことは容易に理解できよう。それは、たとえば「刺々しい話し方」と表現されるような、自らの身体そのものので感じ取っているとしか表現しようのないものである。このような感覚や知覚は、これまで無様式知覚amodal perceptionとか力動感[*5] vitality affects (Stern, 1985)[*6]などといわれてきたもので、人間に本能的に備わっている原初的な知覚である。これはありとあらゆる知覚刺激のリズム、大小、強弱などといった動きを鋭敏に知覚するという特徴を有し、一見すると視覚刺激、聴覚刺激などと別個の知覚刺激であると思われるもの同士の間に通底する何らかの共通性を感じ取って、それらを繋ぎ合わせる役割を果たしている。さらに重要なことは、このような動きの変化は必ずや情動の変化をも同時に生起させるということである。つまりは知覚と情動が共時的に作動しているところにこの原初的知覚の大きな特徴がある。

このことからもわかるように、喩えるものと喩えられるものとのあいだに、同質の力動感が働くことによって、一見するとまったく性質を異にすると思われるものを同一であると認識することが可能になるのである。土居が冒頭の引用文の中で、「metaphor は……identification と関係がある」と指摘しているのは、このことを意味する。つまり、同一視 identification は二つの対象が厳密に全く同じであると認識することではなく、両者に通底するもの（共通性）があって初めて成り立つ現象なのであって、それを可能にしているのが、原初的知覚だということである。このことはあらゆる事象、対象、現象に対して同一視が起こる際に常に当てはまることである。

3　「甘え」と原初的コミュニケーション

「甘え」と非言語的コミュニケーション

日常、われわれが行っているコミュニケーションは、主に話しことばや身振りを中心とした媒体を介した情報をやりとりする言語的コミュニケーションであるが、その際に中心的役割を果たしている知覚機能は視聴覚である。それに比して「甘え」は話しことばが未だ誕生する以前に生起する情動を中心とした非言語的

＊5　vitality affects の訳語「力動感」について一言断っておきたい。Stern（1985）の翻訳では「生気情動」と訳されているが、私は鯨岡（一九九九）にならって、これまで「力動感」を用いてきた。その大きな理由は、「生気情動」が日本語として馴染みにくいことと、「力動感」の方がその実態をより忠実に反映していると考えたからである。Stern 自身もこの章（第三節六九頁以下）で取り上げた最新の著書（Stern, 2010）で、“vitality affects”をやめて、“dynamic forms of vitality”へと用語を変更している。その一つの理由として、“vitality affects”は emotion の一種と受けとられやすいことにあったと彼自身説明していることからもわかるように、“vitality affects”についてはいまだ議論の多いところである。なお、Stern（2010）自身が“vitality affects”を“dynamic forms of vitality”へと変更しているので、本来であれば、本書でもそれに倣って“dynamic forms of vitality”に該当する訳語を用いるべきかもしれない。しかし、今回の変更の理由を考えると、「力動感」は Stern の意図を考えるとより適切な訳語であると考えられるので、敢えて“vitality affects”の訳語として「力動感」を用いることにした。

＊6　vitality affects（力動感）は原初的知覚の一種で、われわれが通常取り上げることの多い感覚を意味する五感（味覚、嗅覚、触覚、視覚、聴覚）とは異なり、五感に分化する以前の未分化な段階、つまりは原初段階の知覚様態である。詳しくは本書七二-七三頁を参照のこと。

コミュニケーションの世界である。この非言語的コミュニケーションは、五感に分化する以前の未分化な知覚、すなわち原初的知覚である力動感 vitality affects や相貌的知覚 physiognomic perception[*7]（Werner, 1948）などが活発に働いているところに大きな特徴がある。

ここで断っておきたいことがある。土居（二〇〇九）は「甘え」の世界を非言語的コミュニケーションの世界であると述べているのでここでは彼に倣ったが、これは筆者がこれまで情動的コミュニケーションの世界と称してきたものといってもよい。なぜこれまで筆者は非言語的コミュニケーションと言わなかったかといえば、従来のコミュニケーションの二分類である言語的コミュニケーション verbal communication と非言語的コミュニケーション non-verbal communication は、verbal という語が意味するように、ともに音声言語の有無を基本にした分類であるところに特徴があるからである。非言語的コミュニケーションの代表的なものである身振りや表情は、ともにある種の象徴機能を有しているのであって、それが媒体となって相互のコミュニケーションが可能になっている。しかし、コミュニケーションの原初段階は、いまだ象徴機能を有さない情動が両者間で通底するようにして働いているコミュニケーション世界である。そのような性質の世界で重要な役割を果たしているのが原初的知覚なのである。その意味から原初的コミュニケーションとも称してきたが、このコミュニケーション世界を理解する上で極めて重要なことは、この世界が当事者自身も意識化することが困難なものであるところに大きな特徴があるということである。

もちろん、非言語的コミュニケーションと原初的コミュニケーションは明確に分けることは困難で、両者が明確な境界のない形で重なり合っているともいえるが、ここで強調しておきたいことは、発達の原初段階としてこのような性質のコミュニケーション世界があり、かつそれは人間の生涯発達の過程で一貫して通底するようにして機能しているということである。

原初的コミュニケーションと力動感

先に原初的知覚が働く時には、同時的に情動の変化を伴うと述べたが、実は「甘え」という対人関係の中で立ち上がる情動の動きをわれわれが感知することを可能にしているのも、これまた原初的知覚であるということができる。知覚の一種として捉えた原初的知覚という概念は、その実態としては不可分に情動の変化を伴っているのであって、その時起こっている体験総体を表現するために、これまで筆者は〈知覚 - 運動 - 情動〉（Werner, 1948）体験と記述してきた。したがって、情動の動きとしての「甘え」も、当事者自身それに気づくことができるのは、原初的知覚によっているのである。

これまで筆者が着目してきた原初的知覚体験なるものと、「甘え」にまつわる体験は、前者は知覚、後者は情動という切り口から捉えたものであって、一見すると性質を異にするもののように思われるかもしれないが、こころの働きとして捉えるならば、両者は実体としては切り分けることのできない共時的な現象だと見なす必要がある。先述したように、土居が「甘え」と identification は概念としては全く無関係に見えながら、同じ事柄に関わっていると指摘しているが、「甘え」の世界と原初的知覚体験も深いところで繋がっているこ

＊7　相貌的知覚 physiognomic perception も力動感と同様原初的知覚であるが、相貌的知覚では生命のない対象でも生き物であるかのように捉える知覚で、乳幼児や未開人において顕著に働くと考えられている。原初的知覚について最近筆者は他の機会に詳細に論じているので参照されたい（小林、二〇一三）。

とがわかる。

4　自験例から

以上、「甘え」と原初的コミュニケーションは原初的知覚によって深く繋がっていることを示してきたが、次に論考を進めるにあたって、ここである事例での印象的なエピソードを取り上げてみよう。

●A男　七歳三カ月、小学二年

A男は乳幼児期から過敏な子どもで、母親は養育に随分と苦労していた。ことばそのものに目立った遅れはなかったが、身のこなしがぎこちない、視線が合いにくく、なんとなくコミュニケーションがしっくりこないという感じをずっと持ち続けていたという。筆者はある心理相談室の相談員から見立てを求められて診察することになったものである。今日では高機能広汎性発達障碍[*8]と診断される事例であった。

A男は遊戯療法室の半分ほどを使って担当セラピストと遊び、筆者は母親面接を残りの空間を使って行っていた。母親はきちんと対面して、こちらの質問に丁寧なことば使いで微に入り細をうがって話をしていた。あまりの緻密すぎる話に、筆者は話に分け入ることが容易ではないなと感じていた。A男の幼い時からの話を聞き始めたが、母親の話は次第に熱のこもったものになっていった。聞いてもらいたいという思いから話に熱がこもるのは自然の成り行きではあるが、筆者がその時気になったのは、どうも母親には懸命に自分を守ろうと自己弁護しているとでもいえるような、気の張りつめた息苦しさを感じ取ったからである。

その前にA男のこれまでの様子を聞いていく中で、周囲に対してびくびくしながら生活し、母親を頼りにしてきたのではないかと感じたので、そのことを母親に投げかけてみた。子どもの気持ちそのものについては期待した応答はなかったが、子どもの就学相談の時、学校側から冷たくあしらわれて傷ついた体験があることが語られ始めた。以来、母親はあまり人に頼らず、自分に落ち度がないように、しっかりしなければという思いになったこともわかった。子どもの気持ちに思いを寄せる余裕が今の母親にはないのであろうかと気になった。

母親は身を乗り出さんがばかりにして、目を見開いて、自分の思いを一所懸命に語り続けた。母親のこのような懸命さは子育てにも強く反映していた。A男に対して一挙手一投足にわたって落ち度のないように、つまりは他人様に迷惑がかからないようにと、声かけをしていたのである。

A男は一見するとセラピストに対してサービス精神旺盛に語りかけながら楽しそうに遊んでいたが、実はずっとこちらの面接の様子が気になり、アンテナを張り巡らし、遊びそのものに気持ちが集中していないのが見て取れた。

このように母子ともども痛々しいほどに懸命に生きているのだが、その息苦しさがどこからくるのか、そのことを解き明かしていくことが治療のポイントではないかと想像していた。そこでこの面接でなんとか少しでもそのところを和らげることはできないかと考え、母親にこれまでの生き方について肯定的に取り上げ、かつ大変な思いを汲み取りながら、「これまでお母さんは遊びのないハンドルで車を懸命になって運転して

＊8　広汎性発達障碍（pervasive developmental disorder）という病名は、ＤＳＭ-５（American Psychiatric Association, 2013）において自閉症スペクトラム障碍（autism spectrum disorder）に変更された。

こられたように感じますね」と投げかけてみた。母親はまもなく涙ぐみ始め、少し肩の力が抜けたように感じた。

その時であった。それまで母親から離れてセラピストと遊んでいたA男が、急に私たちが面接している場にボールを放り投げたのである。私たちは驚き、母親はすぐに注意したが、筆者は注意喚起行動であることをすぐに察知し、A男の気持ちを受け止め、おどけたようにして大袈裟に驚いて見せた。すると、A男が母親の傍に寄ってきてまとわりつき始めたのである。

「あいだ」で感じられた力動感とメタファ

母親との面接の中で感じ取ったことを「これまでお母さんは遊びのないハンドルで車を懸命になって運転してこられたように感じますね」と筆者は表現して、母親に投げ返している。これはまさにメタファそのものである。それを可能にしてくれているのは原初的知覚であることはいうまでもないが、筆者にとって大きな驚きであったのは、このようにメタファ的なことばを投げ返した直後、A男がなかば意図的にこちらにボールを投げてわれわれの注意を喚起し、筆者がそれに応じたことをきっかけにして母親にまとわりつき始めたことであった。このようなA男の行動が引き起こされる契機となったのは、筆者のメタファ的表現によって母親のそれまでの対人的な構えが緩んだことにあったが、それによってA男は母親に急速に近づきやすく感じとったのであろう。つまりは甘えやすくなったのだ。このことを面接の中で筆者はアクチュアルに感じとったが、その際母親の感情も高揚したであろうことが母親の紅潮し涙した表情にも感じ取れたのである。

このように被面接者と面接者との「あいだ」に立ち上がる気持ち（情動）の動きを感じ取る作業は、「甘え」

の世界でのこころの動きそのものともいえようが、この感じ取る作業を可能にしているのが原初的知覚である。

面接当初母親の話を聞きながらある種の息苦しさとでも言ってよいものを筆者は感じ取っていたが、そのように感じ取っている時に子どもは母親に近づくことを躊躇している。「甘えたくても甘えられない」心的状態にあるのだ。A男はセラピストと一緒に遊んでいるようで、実は母親の存在が気になってとても遊びに集中できるような状態ではなく、アンテナはいつも母親の方に張り巡らしていることは、担当していたセラピスト自ら感じ取っていたことでもあった。

自分が話し相手に入り込む余地などないように感じられる時には、相手に接近するという「甘えたい」気持ちにはなれないものだが、このような感じを抱く時には子どもは母親に「甘えたくても甘えられない」アンビヴァレントな心理状態になるであろうことは容易に想像できる。

つぎに取り上げるのは、筆者が以前嘱託医として関与していた成人期自閉症者入所施設で当時職員として自閉症者に療育的関わりをもった斉藤（現在、原田姓）（二〇〇五）の報告からの引用である。筆者は主治医として治療を担当していた。

●B男　一八歳

施設に入所中の自閉症男性であるが、入所当初はこだわり、自傷、他害などの激しい行動障碍を呈した。入所後のB男に対する療育は困難を極め、職員である斉藤は満身創痍といえるほどにB男の行動障碍による怪我が絶えなかったが、B男とのコミュニケーションも暗中模索の状態にあった。しかし、いろいろとB男の生活の様子を観察する中で少しずつ彼女はB男の言動の意味を感じとれるようになっていった。以下のエピソードはその頃のものである。ここでは原文に沿って「です、ます」調で記述している。

個別の散歩を始めてから、特に女性職員に対して徐々に自分から接して行くことが増えてきました。最初は腕を触るくらいだったのが、髪の毛を引っ張ったり、つばをかけたり、頬を触ったり、こちらが嫌がるそぶりをみせると、ますます喜んで追いかけてくるようになりました。散歩中も、私が離れて歩いたり、歩きながら考え事などをしていると突然大声を出しました。それは自分の方へ関心を向けてほしい、そんな彼なりの表現でした。遊んで欲しくてたまらない、そんなふうにも見えました。ただ、そんな時にわざわざ人の嫌がることをして表現してくるため、彼の意図をよりわかりにくく、伝わりにくくしてしまうのだと感じました。

彼から出てくる言葉にも変化が見られるようになりました。女性職員の頬を触るとき、人によって触りながら出す言葉が違うのです。私の時には「ポコポコ」、別の職員の時には「ケーンケン」というように、です。また、人を名前で呼ぶのではなく、彼のイメージするものに当てはめて呼んだりもしました。例えば、ツル、クレーン車、シロクマなどのようにです。また、職員のことを表現するときに、その職員の名前を知っているのに、過去に彼に関わったことのある先生の名を使って表現するのでした。例えば、ある職員に怒られると、「○○せんせいにおこられた〜」と、養護学校時代に関わった、彼にとってはあまりよいイメージでない先生の名前を出して騒ぐのです。このような彼独特の表現に気付いてから、彼の言葉の世界が少しずつ見えてきました。また彼と話をするとき、できるだけ言葉を多く用いずに、彼の口調やイントネーションをまねて伝えると、私達が普段使う言葉をそのままの口調で伝えるよりもずっと伝わりやすいことにも気付きました。彼の用いる言葉が何を指し示し、過去のどの様な場面や気持ちの時に使われたのかを、母親から聞いたり養護学校時代の先生からエピソードを聞いたりして断片的にでも理解できるようになってきました。彼の言葉は、今現在の彼の気持ちが、過去に体験したある場面での気持ちと似たような気持ちになったときに、その過去の場面を象徴的に表現していることがわかってきたのでした。

例えばこんなエピソードがあります。B男さんが大声で「もぶ（もう）ごまおさつしまっといてぇ〜！」「クレーン車、のってけ、もぉ〜っ!!」と、とても怖い顔をして何度も繰り返し叫んでいました。この「ごまおさつ」という表現は、とても機嫌の悪いときにだけ使われます。実はこの「ごまおさつ」はごまをまぶしたさつまいもフライの冷凍食品の名前です。彼が養護学校の高等部の時、ずっと登校拒否をしており、その頃の担任の先生が毎日彼を迎えにきていました。その際、彼は必ずこの「ごまおさつ」をひとつトースターで温めて食べてからしぶしぶ出かけて行っていたというのです。その時の気持ちと似たような感情が沸いてきたときに、どうやらこの「ごまおさつ」という表現を使うようなのです。ですからこの言葉が出た時点で何かがあったことはすぐにわかりました。その後の「クレーン車」で、これが誰を指し示しているのかがわかったため、その職員に事情を聞いてみると、どうやらB男さんはなにか注意をうけたようです。そこで、「そんなことしちゃだめだよね」と話すのではなく、「そっかー、ごまおさつだねー。嫌だったねー。クレーン車におこられちゃったね。でももうしないね」というように伝えると、じっと聞いていて、「しないね」と答えるのです。こちらが「(クレーン車と呼ばれている)〜さんに謝りにいくね」と言うと、「いくね」と答えてその職員のいる方へ歩き出しました。よくわかっているのだなあと、改めて感じました。

何もかもこちらの言葉で話すよりも、彼の表現も借りながら、そしてこちらの言葉で返しながら話をする、そんなコミュニケーション方法に、なんとなく手応えを感じられるようになってきたのでした。

またB男さんは、私達にはわからない意味不明な言葉に対して「それ何?」と聞き返すととても嫌な顔をしました。そしてわからない私達のほうがおかしい、とでもいうような顔をするのです。本人はもう十分伝えているつもりなのです。ですから彼の発する言葉の意味そのものよりも、「いやなんだよ」とか、「うれしいよ」など、ことばにのせられて届く、彼の気持ちを受けとめるようこころがけました。例えば「そっか、ごまおさつだね」という言葉は、私の中では、ごまおさつという物を理解しているというよりもむしろ、「いやなんだというB男君の気持ち、よくわかったよ」という返事のようなものでした。「け~ちゃん」ということばは、私にとっては特に嬉しいことばではないのですが、彼が嬉しそうに「け~ちゃん」と言ってきた時に、同じように「け~ちゃん」と言い返してあげるととても嬉しそうな顔をするのです。そしてそんな彼と言葉をかけあっているときには、私もとても嬉しい気持ちになります。言葉というものがこの時点ではまだ、私達が普段あたりまえのように話をするときに用いる言葉とは違う意味合いを持っていたように思います。言葉そのものの意味よりもむしろ、言葉に乗せられて届くお互いの気持ちのやりとり、という意味合いが強く、こんな彼独特の言葉(表現)を用いながら、時間をかけて繰り返し積み重ねていました。(一六四-一六六頁)

「ごまおさつ」とメタファ

B男がさかんに発している一見意味不明な「ごまおさつ」が、彼の不登校時代のつらい体験に基づいたものであることが経過の中で次第に明らかになっているが、ここでB男は意図的に用いているわけではないにもかかわらず、表現のあり方としては「ごまおさつ」はまさにメタファと称してよいものである。

レオ・カナー Leo Kanner（1946）はメタファ的言語 metaphorical language を自閉症の言語病理の特徴のひとつとして取り上げて論じている。通常の言語的コミュニケーションでは、比喩するものと比喩されるものは、当然聞く人に了解可能であることが期待されて用いられるが、自閉症児の場合、子どもの特殊な個人的経験に基づいた比喩的表現で、使い始めた出来事を直接観察するか想起しなければ理解は不可能であるところに特徴があると指摘している。

ここで注目してほしいのは、A男において筆者が表現したことばは意図的なものであるのでまさにメタファであるのに比して、B男が発した表現は意図的に用いたとは考えにくく、思わず口にしたものと思われるが、それが実際にはメタファと同じ構造をもつ言語表現になっていることである。

なぜ斉藤はその意味を理解することができたのかといえば、B男の母親から彼の生活史を聞き、「ごまおさつ」が不登校時代の担任の迎えによってしぶしぶ登校を余儀なくされた当時の思いを象徴していることがわかったからである。「ごまおさつ」に象徴されている不登校時代のつらかった気持ちと今体験している気持ちが同じような思いであることが示されているが、ここに「ごまおさつ」という表現がメタファと称してもよい理由がある。このことは、現にB男が「ごまおさつ」と発する時の気持ちを察して「嫌なのね」と斉藤が応じることによって、B男は自分の気持ちがわかってもらえたという満足した表情を見せていることから明らかになったともいってよい。

このようなコミュニケーションを可能にしているのは、「ごまおさつ」と発することばのもつ力動感やそのときのB男の思いを斉藤が感じ取っていることに依っている。ここでも原初的知覚が大きな役割を果たしているが、そこにはB男の生活史が濃厚に反映しているのである。

他者の言動の意味は歴史的文脈を通して初めて理解できる

日頃、われわれはコミュニケーションがことばのやりとりで成り立っていると思いがちなものだ。デジタル万能の世の中になった今日、ますますその傾向に拍車が掛かっている。勿論、単に情報伝達といった次元のコミュニケーションであれば、そのように言うことも可能であろうが、コミュニケーションが相互理解を目的とすることを考えると、ことばのみならず、それ以外の情動や身振りなどにより重きが置かれるものである。さらには、話し手のことばの真意を理解するためには、その人の日頃の生活ぶりやこれまでの歴史的背景などをも考慮することが求められる。ことばが生み出された背景に思いを寄せなくてはならないのだ。つまりは、生きたことばの意味は文脈を通して初めて理解することができるものなのである。

このように考えていくと、B男が発した「ごまおさつ」という一見意味不明な発語も、その言葉が発せられた際の気持ちや、その歴史的背景を考慮することによって、初めて理解が可能になっていくことがわかる。一見すると意味不明にしか思えないようなB男のことばの意味に気づくことは、並大抵の努力では不可能なことかもしれないが、コミュニケーションが困難だと思われる患者の言動に際して、表面的に、一方的に理解できないと決めつけるのではなく、その歴史的文脈を通して理解するように努めることが大切であるということである。われわれこそ患者のことばを単に字義として受け止めるのではなく、その歴史的背景をもとに理解するように努めなければならないのだ。患者の言動のみを取り出して、抽象的、操作的、分析的に検討するのではなく、患者の歴史をも含みこんで全体的に理解するように努めなければならないということである。B男のメタファ的言語「ごまおさつ」の理解を可能にしたのは、まさにそのような努力があってのことなのだ。土居がメタファを解することの重要性を指摘したのはこのようなことを意味していると思うのである。

5　メタファと精神療法

転移とメタファ

　メタファを解することが精神療法の能力向上に大切であるとの土居の主張の眼目は、転移の構造そのものがメタファと同じだというところにある。土居は治療関係の中で起こっている患者の気持ちの動きを感じ取る過程がメタファを解する過程と同じ構造をもつという。幼児期に親との間に起こっていた患者の気持ちの動きと、同じような気持ちの動きが現在の治療者との間にも起きている。ではその両者間に生じる共通のものを感じ取るにはどうしたらよいか。このことを可能にしているのが実は原初的知覚、つまりは力動感だと思われる。さらに重要なことは、ここでいう気持ちの動きとは、気持ち一般を指すのではなく、「甘え」にまつわる情動の変化だというところにある。なぜなら「甘え」にかかわる情動の動きはすべて対象指向性をもつゆえ、そこに必然的に対人関係のありようが想起されるからである。

メタファと原初的コミュニケーション

　以上のことから明らかなように、メタファは、一見すると互いに全く異なったものであるにもかかわらず、原初的知覚の働きによって両者間のある種の共通性を捉えて表現されたものである。したがって、治療者と患者との間でメタファの共通理解が生まれるということは、原初的知覚の働きに負うところが大きいのであって、そこには結果的にではあるが原初的コミュニケーション世界での深い繋がりが生まれていることを暗に示しているということもできる。「甘え」にまつわる知覚体験とはそのような性質を持っている。それゆえに、原初的知覚は、他者のこころの動きを感じ取る上で極めて重要な役割を果たしているといえるのである。

identification と力動感

土居は先の書（二〇〇九）でとりわけ「甘え」と identification の関係について多くの紙幅を割いて論じている。その中でも印象的な箇所をひとつ取り上げてみよう。

> 甘えが起きているときには、identification も起きていると考えることができる。甘える人と甘えられる人とは相互に自分自身についてそしてまた相手に対して identification を起こしているんです。（中略）ところで医者と患者の間に治療関係ができるときは、二人の間に identification が起きてくるんです。あんまり起きると folie à deux[*9] みたいになっちゃうから、そうならないようにしなくてはいけないんだけれども、そこのところが精神療法の一番の味噌だろうと思います。（中略）医者が医者として患者と人間的に付き合う場合どこかで融合が起きるというのは、まず間違いないですね。精神療法というのはまさにそのことを治療的に役立てることなのです。（一七二－一七三頁）

筆者が常々強調してきた原初的知覚は、自他融合的世界における知覚体験様式であるが（小林、一九九三）、このことはまさに土居のいうところの「医者と患者の間に融合が起きる」際の体験様式そのものを指している。他者の気持ちの動きそのものを自らのものとして感じ取り（このこころの動きが同一化といわれているものである）、それをいかにして治療関係の中で相手に映し返していくか、そのところに精神療法の勘所があるのではないか。土居はそのことを述べているように思われるのである。

ここで他者の気持ちの動きと述べたのは、単に喜怒哀楽といった他者の感情を指しているのではないことは再度強調しておく必要がある。土居はなぜ「甘え」がidentificationと深く関係していると述べたかといえば、相互の気持ちの動きが「甘え」といわれる他者に対していだく情動に深く関係したものだからである。そのような情動の動きはわれわれ日本人には身体を通して体験的にとてもよくわかるゆえに、相手の気持ちの動き、つまりはこちらに対して起きている「甘え」にまつわる感情を感じ取ることが精神療法においてとりわけ大切だというのであろう。このような相手の気持ち（甘え）の動きを感じ取るところにはidentification が起こっているとみなすことができるのである。

土居の書『臨床精神医学の方法』の中で、特に筆者の心に強く響いたのがメタファと精神療法との関係を論じた個所であった。そこでここではこの両者の関係について、関係発達臨床の立場から論じてみた。土居

＊9　フランス語で「二人精神病」と訳されることが多い。感応精神病の一種で、親密な関係にある片方の人物が妄想状態になると、相手も同じ妄想を抱くようになる状態を指す。

が精神療法の技を磨くこととメタファを解することがなぜ関連するかといえば、メタファを解するためには力動感に敏感になる必要があるからである。そしてそれは「甘え」の世界を感じ取ることと同じことを意味する。筆者が土居のこの主張に強く共鳴したのは、そこに力動感という鍵概念がともに重要な役割を担っているからなのである。

文献

American Psychiatric Association（2013）. *Diagnostic and Statistical Manual of Mental Disorders fifth edition: DSM-5™*. Washington, DC: American Psychiatric Publishing.

土居健郎（二〇〇九）『臨床精神医学の方法』岩崎学術出版社.

Kanner, L.（1946）. Irrelevant and metaphorical language in early infantile autism. in *Childhood Psychosis: Initial studies and new insights*. pp. 45-50, New York: John Willey & Sons.

小林隆児（一九九三）「自閉症にみられる相貌的知覚とその発達精神病理」『精神科治療学』八、三〇五-三一三頁.

小林隆児（二〇一三）「原初的知覚世界と関係発達の基盤」佐藤幹夫編『発達障害と感覚・知覚の世界』日本評論社、一三一-一五一頁.

小林隆児・原田理歩（二〇〇八）『自閉症とこころの臨床——行動の「障碍」から行動による「表現」へ』岩崎学術出版社.

鯨岡峻（一九九九）『関係発達論の構築——間主観的アプローチによる』ミネルヴァ書房.

斉藤（原田）理歩（二〇〇五）「日々積み重ねていくもの」小林隆児・鯨岡峻編著『自閉症の関係発達臨床』日本評論社、一五六-一八一頁.

Stern, D.（1985）. *The Interpersonal World of the Infant: A view from psychoanalysis and developmental psychology*. New

York: Basic Books. 小此木啓吾・丸田俊彦監訳、神庭靖子・神庭重信訳（一九八九・一九九一）『乳児の対人世界 理論編／臨床編』岩崎学術出版社.
Stern, D.（2010）. *Forms of Vitality*. London: Oxford University Press.
Werner, H.（1948）. *Comparative Psychology of Mental Development*. New York: International University Press. 鯨岡峻・浜田寿美男訳（一九七六）『発達心理学入門』ミネルヴァ書房.

二 「関係」から読み解く土居論文「勘と勘繰りと妄想」

土居は生前に数多くの論文を世に残したが、その中でも土居自身がとりわけ気に入っていたものに「勘と勘繰りと妄想」（以下、「勘繰り」論文と略す）（土居、一九八六）がある。「勘繰り」論文で土居は、統合失調症患者にみられる妄想について、日本独特の日常語である「勘」と「勘繰り」という視点からその成り立ちを考え、新たな治療の手だてについて提起している。まずはその論旨から解説していこう。

1 土居の主張について

「勘繰り」論文で土居は、統合失調症患者にみられる妄想について、日本独特の日常語である「勘」と「勘繰り」という視点からその成り立ちを考え、新たな治療の手だてについて提起している。

「勘」について

「勘」は、「何か予想しない変化に遭遇した際、その背後に何があるかを探知しようとして起きるこころの働き」（三五六頁）[*10]を意味し、その背後にあるものに対して、それを「成立させている隠れたコンテクストを探り当てること」（三五七頁）が「勘を働かす」ことだと説明する。この「コンテクストなるものはコミュニケーションの内容を決定する重要な枠組である」（三五九頁）ことから、「コンテクストを探り当てる勘がコミュニケーションを成立させる条件である」といえる。しかし、勘を働かせることは誰にとっても容易でないのは、その場で「いつどのようなコンテクストが選ばれるかには無限の可能性がある」（三五九頁）ためである。「したがってそのつど選ばれたコンテクストに照準を合わせることができる点に勘の良さが現れる」（三五九頁）。コンテクストは当事者の関係の内実そのものに規定されているゆえに、コンテクストを探り当てるのは誰にとっても容易なことではないのである。

「勘を働かす」こと

土居が「勘繰り」論文を書く強い動機となったのは、マイケル・シェファードの『シャーロック・ホームズとフロイド博士のケース』を読んだことにあると述べている。そこで土居は、シェファードが科学的でないと批判的に論じている「シャーロック・ホームズの方法もフロイドの方法も、そこで用いられる思考過程が日本語の勘にぴったり当てはまる」（三四九頁）ことに気づいた。さらに土居が興味深く思ったのは、シェファードが「シャーロック・ホームズの方法とフロイドの方法のいずれをも、十九世紀に絵画の鑑定を開発したジオヴァンニ・モレリの方法に関係づけていること」（三五七頁）であった。そして「モレリの方法というのは、画家の特性は、たとえば、耳の形のように、画全体から考えれば一見とるに足りない細部の描き方に現れ、したがってその点に注意することによって本物か偽物か見分けられるとしたことを指す。すなわち、絵画の鑑定においては細部が重要なコンテクストを提供する」（三五七-三五八頁）というのである。

精神分析に立脚した人間理解の方法が、シャーロック・ホームズの推理方法やモレリの絵画鑑定の方法とのあいだに共通性を持つことを指摘したシェファードの試論に土居はいたく共鳴し、その共通性こそ「勘を働かすこと」であるというわけである。

感情移入と共感

感情移入 Einfühlung と、その訳語として生まれた共感 empathy は精神療法における患者理解の際に、基本的かつ重要な資質として位置づけられ、今や常識と化しているものであるが、土居はこの感情移入ないし共感が「勘」にきわめて近いことを指摘し、その理由として、コミュニケーションの質を決定するコンテクストを探り当てることが「勘」の本質的な働きだとすれば、コミュニケーションにおいて最も重要なコンテクストの一つが感情であることから、「勘が相手の感情に対して働く場合を特に取り上げて精神分析ではエンパシーと名づけているといってさしつかえないのである」（三六一頁）と述べている。

＊10 「勘繰り」論文の引用箇所の頁数を示しているが、ここでの引用は土居（一九九四）に依っている。これ以外の論文や著書からの引用では、その都度引用文献と頁数を記載している。

る。

「甘え」にまつわる感情の動きと原初的知覚

「勘」が相手の感情に対して働く場合を共感だとすれば、ここでいう感情とは感情一般を指すのであろうか。「勘繰り」論文で土居はそのあたりのことについては明言してはいないが、その他の論考を読み合わせて考えると、主に「甘え」にまつわる感情の動きに敏感になれということであることは疑う余地のないところである。

では相手の「甘え」にまつわる感情の動きを感じ取るにはどうするか。相手の感情を自ら感じ取ることができるのは、情動といわれるこころの働きが二者間で共振するという性質を持っていることに依っている。つまりは情動水準のコミュニケーションの世界で起こっている現象であるのだ。したがって、相手の感情に対して「勘」を働かす際には、相手と関わる際の自らの感情の動きに敏感でなくてはならない。

ここで考えてみたいのは、「甘え」にまつわる感情の動きとはどのような内実を持つものなのかということである。「甘え」が人間関係において接近を喜ぶ感情（土居、二〇〇一、八四頁）であるゆえ、「甘え」が享受されている場合には、接近によって快の情動がもたらされる一方で、分離（または回避）によって不安という不快な情動が誘発される。物理的（あるいは心理的）距離の変化と快／不快という情動の変化が相互に連動して起こっている。このように接近や分離といった動きと情動が同時的に機能しているところにこそ、実は筆者が常々強調してきた原初的知覚の性質が端的に示されている。なぜなら原初的知覚は、あらゆる刺激のもつ動きの変化を鋭敏に捉えるという性質を有するが、それと同時的に、情動の変化をも引き起こしているからである。これまで筆者は原初的知覚の体験様式の特徴を、〈知覚－運動－情動〉過程という未分節な体験であると述べてきたのは、そうした意味合いがあってのことである。「甘え」にまつわる感情の動きに気づくことを可能にしているのは、原初的知覚として力動感に依っているところが大きいといわなければならない。

原初的知覚と「平等にただよう注意」(フロイト)

したがって、「甘え」という非言語的コミュニケーション世界[*11]に敏感になること、つまりは「勘をよく働かす」ためには、この原初的知覚に敏感になれということでもある。ここで重要なことは、この原初的知覚は自らの身体を通してしか感知することができないという特徴をもっているということである。原初的知覚での体験様式は、自他融合的体験であり、そこでは同一化が起こっているといっても差し支えないのである(小林、一九九三)。

「フロイドが精神分析の治療者にすすめた『平等にただよう注意』は、勘を働きやすくするための心構えと考えられ」(三六一頁)、「患者の発する言葉の一つ一つにとらわれず、注意を満遍なくただよわすことによって、言葉の背後にあるものを掴みやすくするということは、結局のところそこに隠れているコンテクストに照準を合わすこととなる。この場合相手の言外に秘められた感情がその最も重要な要素である」(三六一頁)が、ここで示されている体験過程の多くは、原初的知覚に依っているということもできるのである。

土居(二〇〇九)は(集団)精神療法の中で患者のこころの動きをとらえる際にその一挙手一投足、とりわけ

---

*11 土居は「甘え」の世界を非言語的コミュニケーションとしているためここではそれに倣ったが、筆者(小林、二〇一〇)は原初的知覚優位な世界であることから、原初的コミュニケーションと称する方が適切であると考えている。本書三二頁参照。

非言語的コミュニケーションに注目することを力説する中で、「このような微妙な手掛かりを捉えるためには、治療者自身、十分『甘え』の心理に習熟していなければならない。言い換えれば自分のアンビヴァレンスが見えていなければならない。そしてそれこそ最も困難なことであるといわなければならないのである」(二七頁)とも指摘しているように、原初的知覚に敏感になることもさほど容易なことではなく、自らの身体を通した体験過程に対する気づきの力を養う必要があると言ってもよいのである。

以上述べたごとく、土居は日本独自の文化的背景の中で生まれた「勘」を鍵概念に、精神療法で最も大切な感情移入ないし共感を読み解き、そこに共通して流れる非言語的コミュニケーションの世界の重要性を指摘しているが、臨床場面で「勘を働かす」とは具体的にどのようなことを指すのであろうか。つぎにそのことについて自験例を通して考えてみよう。

2　自験例から

●C男　二歳一一カ月

ことばの遅れと、視線が合いにくく、関係がしっくりこないという母親の心配で相談に来た母子例である。他の医療機関であれば、おそらく広汎性発達障碍と診断されたであろうと思われる事例である。

母子同席で初回面接を実施した。母親はすぐに話を聞いてもらいたそうにしていたが、まず筆者は少しの間、C男の相手をして遊んでみた。

C男はこちらの様子をうかがうようにちらちらと視線を送りながら、ボールを手にとってバスケットボールのかごに盛んに投げ入れていた。うまく入らなくても投げやりになることなく、何度も挑戦していた。今度はバットを手にとってボールを打ちたそうにした。筆者がボールを投げてやると、すぐに応じ懸命になって打ち始めた。空振りになっても何度も何度もバットを振り続け、うまく打てた時には控えめではあったが、両足をばたつかせて、喜びを全身で表に現していた。

筆者はC男の反応に手ごたえを感じながら、今度は母親にC男の相手をするようにバトンタッチをした。母親とC男の遊びに付き合いながらその様子を見ていた。母親は最初は一所懸命に相手をして遊んでいたが、子どもの心配事を聞いてもらいたくて次第に子どもよりも筆者の方に注意が向き始めた。筆者は祖母と机を挟んで向かい合って座り、母子の様子を時折眺めながら祖母と話していた。C男は母親と遊んでいたが、ボールを投げた拍子に、面接机の上にあったコップに当たって少しお茶がこぼれた。C男は「しまった！」とでもいうような困惑した表情を浮かべ、母親の背中にしがみついた。いかにも悪いことをしたという思いが全身の動きに感じ取れた。母親はその時のC男の反応を見て、こんな姿を見たことはないとうれしさと驚きの混じった声をあげた。まもなくC男は部屋を出て行った。

その後、母親面接に移って、母親が心配してきたことが語られ始めた。筆者は「これまでC男の子育てで心掛けてきたことは何ですか」と尋ねると、「振り返ってみると、何もないかもしれない。上の姉や兄の行事に一緒に連れていくことが多く、家にいる時には一人で遊んでいるので、それをいいことにして家事に専念していることが多い」と振り返るのだった。そこで筆者は「そうした親子関係が今の子どもの様子と何か関連があると思いますか」と尋ねた。すると母親はいろいろなことが一気に思い起こされたようで、つぎつぎに語り始めた。筆者はゆっくりゆっくりと一語一語噛みしめるようにしてことばを繋ぐように心掛けていたが、母親はこちらの一言に対して、実に多くのことを返してくるのだった。その時、筆者は、母親のせっかちで先取り的な話し方にこちらの気持ちが萎えてしまいそうな感覚に襲われた。そこで筆者はそのことを取り上げた。すると母親は顔面を紅潮させながら思い当たることがあると一気呵成に語り始めた。

自分は子どもに対してなぜか待てないところがある。自分の望むタイミングで子どもに行動してほしいと思ってしまい、つい子どもに対して怒ってしまうことも多いというのである。たとえば、上の娘（長女、八歳）はデリケートな子で、あまり話さないが、いろいろと一人で考えている。本を読むのが好きで、大人びたところがある。能力は高いと思うのに、学校から帰ってもすぐに宿題をやらない。やらなくてはいけないとわかっているのに、やろうとしない。今やればすぐにできると思うのに、夜になって時間がなくなってからやろうとする。そんな姿を見ているといらいらする。二番目の息子（兄、四歳）は姉と弟の間に入って気を使っている。母親からみるととてもできた子……

このように筆者が母親との面接の中で感じたことを取り上げたことをきっかけにして、母親は三人の子どもとの関係についてつぎつぎに思い起こして語るようになった。

まもなくC男がセラピストと一緒に部屋に戻ってきた。すると一目散に母親のところに走って行き、首に強く抱きついたのである。C男は心から甘えているのがひしひしと感じられたが、母親の気持ちを尋ねると、素直に「うれしい」と答えるのだった。しばらく母親の膝の上でじゃれていたが、満足したのか、ふたたびセラピストと遊び始めた。

原初的知覚とメタファ

初回面接で、母親が子どもに対する自らの思いを率直に語り始めたのは、母親のせっかちで先取り的な話し方にこちらの気持ちが萎えてしまいそうに感じた筆者がそれを取り上げたことが契機となっている。筆者にこのような反応を引き出したのは、せっかちで先取り的な話し方のもつ力動感が、筆者にはまさに「こ、ち、ら、の、気、持、ち、が、萎、え、て、し、ま、い、そ、う、」なものに感じ取れたからである。ここにみられる筆者の表現は、第Ⅱ章第一節で取り上げたように、メタファと構造的には同じ言語表現である。

ではなぜこのようなメタファ的表現が母親との面接を深める契機となったのであろうか。このメタファを生みだしたのは、母親と筆者との関係の中で湧き起こった体験過程であるが、それを可能にしたのが原初的知覚に基づく体験であることから、そこでは母親と筆者との間に情動水準での交流が生まれたと言ってもよいのではないか。さらに興味深いのは、母親と筆者との関係での体験過程は、日頃の母親と子どもたちとの関係とも合い通じるものがあったがゆえに、このメタファ的表現が母親に対して、子どもとの関係についての想起をも誘発することになったのではないか。治療経過の中にそのことが端的に示されていると思われるのである。

このような母親の変化を敏感に感じ取ったB男は別室から戻ってくるなり、一目散に母親の方に寄っていき、抱きついている。日頃の母親に対する近寄り難さが薄れたための反応であったに違いない。そうした母親の変化をB男はいち早く敏感に感じ取っていたのである。母親と筆者との間に生まれた「共感」的体験が母親のそれまでの警戒的な構えを緩めたことによって起こった変化だと思われる。土居がメタファの重要性を指摘してきたことがここにも示されているといえよう。

2回目の面接

初回面接を終えて帰宅した夜、帰ってきた夫が「今日のお母さんは違うね、随分やさしいね」と驚きの声をあげるほどに、いつものいらついた気持ちが治まっていたという。C男も母親に随分と甘えるようになって、ひとりでビデオを見せても、すぐに母親の手を引いて一緒にみようと引っ張り込んで母親の膝の上に乗って見るようになったというのである。

面接の開始後しばらくの間、母親にC男と一緒に遊ぼうと促し、私も付き合った。C男は小さなスポンジボールを二個手に持っていた。それを見て母親はすぐにそのボールとセットになっているゲートボール用のスティックを取り出し、C男に手渡して使うように誘った。C男は戸惑っていたが、母親はなんとか使えるようにと手を携えて教えていた。するとC男はスティックを手に持って小さなトランポリンの下を覗きながら、まるでモップがけをするようにして出し入れし始めたのである。

前回とは異なった年長児向けの遊戯室であったため、先週使った部屋にC男を招き入れて、扱いたい遊具を選ぶように誘った。ボールを選んだが、それは先週バッティングの時に用いたものだった。私がためしに差し出したバランスボールを手に取ると、元あったところに自分から片付けるのだった。すぐに元の部屋に戻ったが、私はバットも欲しいだろうと思い、部屋の片隅にさりげなく置いてみた。すると目ざとく見つけてバッティングを始めた。母親がボールを投げてやり、C男はバットで打ってはうまく当たるとうれしそうに反応していた。周囲の大人たちも拍手をし、雰囲気は盛り上りを見せていた。結構楽しそうにしていたが、次第に飽きてきたのであろうか、バットの持ち方が変わったのに私は気づいた。それはまるでバットが刀に変わったように見えた。しかし、母親はそれに気づかず、なんとか打たせようと懸命に相手をし、C男がその気になるようにさかんに仕向けるのである。そこで私はそばにあったゲートボール用のスティックを手にとってちゃんばらごっこを始めた。するとC男はバットを刀にして応じ始めた。遊びにどんどん熱が入り、懸命になって切りつけ始めたので、私はおどけるようにして怖がって逃げた。するとC男は追いかけてまでちゃんばらごっこを続けるのだった。

「勘」を働かす

この場面で筆者は、C男が何をしようとしているか、常に彼の気持ちに照準を合わせながら相手をしていた。時には「スティックを手に持って小さなトランポリンの下を覗きながら、まるでモップがけするようにして出し入れしていた」かと思えば、つぎに「バットの持ち方が変わったこと」から「バットが刀に変化した」ことを瞬時に感じ取りつつ、C男に応じることによって両者の関係は瞬く間に深まっている。ここで筆者が最も心を砕いたのは何かといえば、「コンテクストを読み取ること」であり、まさに「勘を働かす」ことであったということができよう。

「勘」が働かない

その一方で、子どもの遊びに付き合っている時、子どもが何を意図して遊んでいるか、それに同調することが母親にはむずかしかったことが示されている。子どもとのコミュニケーションが成立するためには、子どもの繊細な動きに同調し、そのこころの動きを掴むことが求められるが、それがこの時の母親には難しかったのだ。つまりは、コミュニケーションを成立させるための条件である「勘」がここではうまく働いていない。母親は、バットを持っていればボールを打つことであるというように、教条的に捉えて応じている。「バット」は「ボールを打つ」ための道具であるという既成概念にとらわれている。

ここでぜひとも考えてみたいのは、母親が子どもとの遊びで、そのコンテクストを読み取ることができなかったのはなぜかという問題である。そのことを考える上で興味深いことが以下の治療経過の中で示されている。

母親との面接

まもなくC男の相手を同席していたセラピストに頼み、私は母親との面接を開始した。そこで取り上げたのが、遊びがちゃんばらごっこに変わった場面である。母親はC男の変化に気づかなかったというが、以前からちゃんばらごっこだけはなぜか母親に要求してよくやっていたというのである。そこで私は母親が頭の中でこうと思ったらそれをやり続けるところがあることを取り上げた。つまりは玩具を扱う際に、それがバットであれば野球を、ゲートボールのスティックであれば、ゲートボールをしようという思いに駆られやすいことについてである。母親はすぐに頷き、涙ながらに次のようなことを語り始めた。

昔から固定観念が強いと他人に言われていた。「～しなくては（いけない）」という思いがいつも強いという。そばで聞いていた祖母は、この子は理想を持ってそれに向かっているが、どうもそれが高すぎる。きちんとしなくてはという思いが強すぎるというのである。母親は次第に内省的になった。

自分の持っていないものを他人がもっているとうらやましくなる。その人の良いところばかりが目につくようになり、自分の嫌なところ、苦手なところを人に見られたくないという気持ちになる。だから人づきあいも深入りしたくない。深入りすると相手のいろいろなところが見えてくるし、自分もみられるから怖い。人づきあいは必要に迫られれば、そのところだけ付き合うようにしているというのであった。

高い自我理想と教条的関わり

筆者が母親の教条的な捉え方について取り上げたところ、母親は急に自らのこれまでの対人関係の中で思い煩っていたことを言及するまでに至っている。そこで語られた内容は、なぜか対人関係が深まることによって自分の弱みを知られるのを極力忌避し、高い自我理想を持って生きていたという。親の前ではいつも親の期待に応えるべく努力することで初めて親から認められてきたのではないかと推測されるが、それとともに大切だと思われるのは、対人関係が深まることによって自分の嫌なところが他人に知られることに対する忌避的感情がこの母親ではとても強いことである。本来であれば、乳幼児期に「甘え」が享受されていれば、接近が快の情動をもたらすと考えられるが、この母親に対人関係に対する忌避的感情が強いということは、接近が不快ないし否定的な情動をもたらすということである。その背景に「甘え」が享受されなかった体験が潜んでいることが推測されるのである。

乳幼児期に母親との間で甘えられなかった時、甘えたい心はけっして消えることなく、持続するものであるが、そこでは、「甘えた場合とは違う別種の依頼関係が成立する。（中略）甘えられないのであるから、依頼心は満足されていないが、しかし満足を求めるこころは持続しているために、相手方の出方に自分の感情が鋭敏になり、結局は自分の気持ちが相手によって左右される変態的な依頼関係が成立することになるのである」（土居、一九九四、二九頁）。その結果、この母親はいつも自分の母親の顔色をうかがいながら、期待に沿うべく努めてきたのであろう。高い自我理想を持ち続けてきた背景にはそのようなことが考えられるのである。このような強い対人意識は、子どもの心の動きを感知する力を低下させ、教条的なかかわり合いになりがちである。とらわれのない心的状態でなければ、常に変化していく子どものこころの動きを感知することなどできるはずはないからである。このように「勘」の働きの善し悪しは、けっして個人の資質といった生来的な要因に帰着できるものではなく、当事者自身の乳幼児期における「甘え」の体験の質とも深く関わっているということができるのである。

3 「勘繰り」について

「勘」は「何か予想しない変化に遭遇した際、その背後に何があるかを探知しようとして起きるこころの働き」を指すことからもわかるように、明確に客観的な形では捉えられないものを探ることであるため、必ずしも常に当たるわけではない。さらには「勘がはずれているかどうかすぐには明白にしがたいことのほうが多い」（三五九頁）とさえいえる。したがって、「本来はコミュニケーションに奉仕すべき勘がコミュニケーションと無関係に存在する状態が勘繰りであり、それこそ分裂病的妄想[*12]に通じる状態であると考えられる」（三六三頁）。つまり、患者が治療者に対して、あるいは他者に対して「勘繰る」ことが起きているとすれば、そこで「本来はコミュニケーションに奉仕すべき勘がコミュニケーションと無関係に存在する状態」（三六三頁）が生まれていることになる。では勘がコミュニケーションと無関係に存在する状態がどのような背景でもって生まれるのか、自験例を取り上げて検討してみることにしよう。

4　自験例から

過去に筆者は（高機能）自閉症の成人期例において妄想状態を呈した事例を報告したことがある（小林、一九九五）。これはのちに「自明性喪失」の問題を論じる際にも取り上げている（小林、二〇〇三）。以下はその事例の治療経過の概略を示す。

●D子　二五歳

幼児期より自閉症としては知的発達も比較的良好で、家族の期待もあって高校入学までは順調な発達を遂げているようにみえた。高校三年の時、父親の病死を経験したが、どうにか卒業後就職することもできた。しかし、まもなく職場で適応困難となり、対人的トラブルが続出していった。ついに出勤さえ困難となり、一年余りで解雇された。社会適応の改善を目指して精神保健センター（当時）のデイケアにも通ったが、そこでも引きこもり傾向が顕著となり、家庭でも母親への暴力行為も出現したために、筆者のもとに受診となった。

初診当時、周囲に対する警戒心が強く、視線を強く回避していた。特に目に付いたのが、周囲の人たちはきれいで、自分だけ醜いという確信的な思いに囚われていることであった。自分の容姿への囚われが妄想化していると判断された。彼女の容姿に対する囚われは、強い強迫性を背景に有していた。

＊12　ここでは引用文であるので「統合失調症」を用いず、原文のまま「分裂病」と記載している。

妄想発現の直接の契機は、第二次性徴発来が友人より遅れたことにあったが、容姿コンプレックスが増大した要因として、幼児期からの容姿への強い関心と、高校で障碍児のための特別編成学級に入れられたことによるプライドの傷つきなどが関与していた。さらに家族背景に、自我理想の高い母親自身も思春期に摂食障碍を呈し、性同一性の獲得をめぐる葛藤を有していたことがその後の面接で明らかになった。

治療は母親自身が娘のハンディキャップをどう受容し立ち直っていくかという喪の作業に対する心理的援助を中心に展開された。当初は母子間の強い緊張が高じてD子は母親に激しい攻撃的行動を示したが、まもなく母親自身の過去への内省が契機となって、D子も自らの心理的外傷体験を言語化するようになり、母子ともに社会的引きこもり状態から次第に脱皮していった。

D子は「まなざし」に対する恐怖のために視線を回避し続けていたが、恐怖の対象は薬品に描かれた人物像やまな板に刻印された魚のマークの「まなざし」にまで及ぶなど、病者にとって自らの環境世界は圧倒的な力でもって相貌性を帯びて迫り来るものであった。このように対象が相貌的に知覚された直接的契機は第二次性徴発来にまつわる心理的外傷体験であったが、その基盤には自閉症特有な知覚様態である相貌的知覚(原初的知覚)が活発に働いていることが示唆されたのである。

容貌への「とらわれ」

D子の容貌へのとらわれが妄想化する直接的な契機となったのは、第二次性徴の時期に友人との比較で彼女自身が身体に対して強い劣等感を抱いたことであった。この時期、女性であれば自らの身体に対する意識が高じるために、このような体験が外傷的に作用することは大いに考えられるが、このような劣等感を持ちつつも、それが妄想化していったのはなぜか。

自閉症の子どもたちでは養育者との間で乳幼児期早期から「甘え」のアンビヴァレンスが強いために、養育者との関係は負の循環を生み、両者のあいだに関係障碍がもたらされる（小林、二〇〇八）。その結果、養育者との間で安心感が育まれず、常に周囲他者に対して強い警戒的な構えを持ち続けるが、D子の場合そのことは常に他者にのぞかれないように顔を前髪で隠し、視線を合わせることを極力避けてきたことに端的に示されていた。そこでは、彼女にとって外界刺激は迫害的ないし侵入的色彩を帯びたものに映っていた。自分は醜く周囲のみんなはきれいだとの思いが強まっていくのも極めて自然な成り行きであった。つまり、D子にとっては世界の相貌性があまりにも侵入的色彩を帯びていたがために、周囲ばかりが輝いて見えていたのである。

自我理想の高い母親と被養育体験

しかし、D子が自閉症で幼児期から養育者に対して強いアンビヴァレンスを持っていたがゆえに、このような強い被害感を抱くようになったと短絡的に考えることには慎重でなくてはならない。本来であれば、思春期でのD子の不安を吸収すべき役割を果たすことが期待される母親自身が、実は自ら思春期の頃、容貌へのとらわれからダイエットを試み、摂食障碍を呈するまでになっていたことが明らかになっている。さらには、スーパーウーマンともいえるほどに自信家であった自分の母親との関係では、いつも母親の期待に沿うべく努力してきたという。母親がD子に対して、なんとか普通教育を受けさせ、就職できることに最大の目標を置いて、遮二無二頑張ってきた背景には、母親自身のこのような被養育体験が深く関与していることが考えられる。このように見ていくと、先の幼児例の母親自身の子ども時代の体験と酷似していることに改めて気づかされる。母親がD子の現実の不安に思いを馳せることが困難であったのは致し方なかったかもしれない。そのためにD子の思春期不安が吸収されることはなかった。そのことが彼女の周囲世界の侵入的色彩をより一層色濃くしたのではないかと考えられる。しかし、今回の母親面接を通して、母子間の緊張関係が初めて緩み、関係修復がもたらされ、その結果としてD子にとっての周囲世界の侵入的な相貌性は緩和し、引きこもりからの脱皮が可能になったのである。

「勘繰り」と妄想形成

土居の「勘繰り」論文で提示されている事例は、統合失調症であり、自閉症とは違って、日常会話は一般に可能であるし、知能の問題もない。よって、自己表現能力も豊かで、そのことによって、患者が治療者に対して「勘繰り」続けていたことは比較的容易に把握することができている。しかし、この自閉症の事例では、いかに知的障碍がなかったとはいえ、その精神内界を窺い知ることは容易なことではない。その点からすれば、D子の場合、周囲他者に対して「勘繰り」続けていたと明示することは困難だと言わざるを得ない。しかし、周囲に対して常に強い侵入不安を抱き続けていたことを考えると、D子が周囲他者の動きに対して、彼女なりの「勘」を常に働かせていたと言えるのではないか。そして、その「勘」がコミュニケーションの実情と一部無関係に働いて、「勘」が「勘繰り」になっていった。「自分だけ醜く、周囲のみんなはきれいだ」という妄想が生まれて固定した過程を「勘」と「勘繰り」を用いて表現すると、以上のように考えることができるのである。

5　「勘繰り」論文の事例について考える

異常体験と原初的知覚体験

土居が「勘繰り」論文で提示している事例の中で、患者が自らの異常体験について語っている内容は実に興味深い。患者は次のように語っている。「どのような状況でも愛情に関連のあることが感じられるときは、周りの状況が一変し、周りの状況が乗っ取られる感じがする。自分が侵入される感じ、自分の感情が押し流されて、相手の感情が自分の中に侵入してくる感じです」、「勘繰っているときは、ゴッホの絵の中の樹のように周りの人が変貌する」と、臨場感溢れる描写がなされている。土居もこの患者の病的体験を語る描写力にはいたく感心しているが、筆者はそれと同時にこの体験内容が先ほどから筆者が述べてきた原初的知覚体験様式そのものの特徴を実にわかりやすく語っていることに驚きを禁じ得ないのである。

世界の相貌化と相貌的知覚

ここで患者が述べている体験様式は、それまでの周囲世界の相貌性が急速に変貌を遂げ、迫害的な色彩を帯びていることが示されている。このような体験様式の特徴こそ、原初的知覚そのものの働きである。当事者の内面の変化、とりわけ安心感にまつわる変化、すなわち急速に安心感が失われ、対象喪失の恐怖に襲われる時、周囲世界の相貌性が急速に迫害的色彩を帯びるようになる。これこそ原初的知覚体験様式の特徴を示している。とりわけここでいう原初的知覚は先に述べた力動感とともに類似の特徴をもつ相貌的知覚 physiognomic perception（Werner, 1948：小林、一九九三、一九九四）といわれてきたものである。さらに、このような体験の引き金となっているのが、「愛情に関連のあることが感じられるとき」だという。これぞまさに相手に対する「甘え」にまつわる感情が強く揺さぶられていることを示しているが、それは潜在化していたアンビヴァレンスがそのことによっていたく刺激されたと考えられる。「甘え」にまつわる感情が刺激されると、強いアンビヴァレンスを抱えた患者であれば、内面に強い動揺が起こり、さまざまな異常行動や症状が出現することは、そのアンビヴァレンスがより一層強まるための結果であることを筆者は発達障碍を対象に明らかにしてきたが（小林、二〇〇一：小林・原田、二〇〇八）、このことは統合失調症においても該当するのではないかと思われるのである。

ここでは「関係発達臨床」の視点から、土居の論文「勘と勘繰りと妄想」に再照射を試みた。その結果、「勘」と「勘繰り」は原初的知覚に基づく体験とみなすことも可能で、このような視点を持つことによって、統合失調症の「妄想」の成り立ちにおける原初的知覚の果たす役割もより明らかになるのではないかということである。

こうしてみると、「原初的知覚」という鍵概念を用いることを通して、知覚、情動という生物学的次元に近い現象と「甘え」にまつわる種々の精神病理現象の関連を統合的に理解する道が切り拓かれるのではないかとも思うのだ。生物学的研究と精神病理学的研究との橋渡しの役割を果たしうるのではないかということである。Stern（2010）は原初的知覚としての力動感の神経学的基盤について、脳幹網様体賦活系と扁桃体を中心とした脳幹から大脳辺縁系に至る部位に着目しているが、人間の行動を選択する際の重要な価値判断を情動が担っていることを考えると、原初的知覚と主に本能を司る脳幹から大脳辺縁系に至る部位との関連性が今後さらに解明されていくことが大いに期待されるのである。

文献

土居健郎（一九五八）「神経質の精神病理――特に「とらわれ」の精神力学について」『精神神経学雑誌』六〇、七三三―七四四頁／土居健郎（一九九四）『日常語の精神医学』九―三九頁所収．

土居健郎（一九六〇）「「自分」と「甘え」の精神病理」『精神神経学雑誌』六二、一四九―一六二頁／土居健郎（一九九四）『日常語の精神医学』医学書院、四〇―七四頁所収．

土居健郎（一九八六）「勘と勘繰りと妄想」高橋俊彦編『分裂病の精神病理15』、東京大学出版会、一―一九頁／土居健郎（一九九四）『日常語の精神医学』医学書院、三四八―三六六頁所収．

土居健郎（一九九四）『日常語の精神医学』医学書院．

土居健郎（二〇〇一）『続「甘え」の構造』弘文堂．

土居健郎（二〇〇九）『臨床精神医学の方法』岩崎学術出版社．

小林隆児（一九九三）「自閉症にみられる相貌的知覚とその発達精神病理」『精神科治療学』八、三〇五―三一三頁．

小林隆児（一九九四）「自閉症にみられる相貌的知覚と妄想知覚――情動的コミュニケーションの成り立ちとその意義」『精神医学』三六、八二九―八三六頁／右記の小林（一九九三）と併せて、小林隆児（一九九九）『自閉症の発達精神病理と治療』岩崎学術出版社、一一一―一三〇頁所収．

小林隆児（一九九五）「自閉症にみられる妄想形成とそのメカニズムについて」『児童青年精神医学とその近接領域』三六、二〇五―二一二頁／小林隆児（一九九九）『自閉症の発達精神病理と治療』岩崎学術出版社、一三〇―一五二頁所収．

小林隆児（二〇〇一）『自閉症と行動障害』岩崎学術出版社．

小林隆児（二〇〇三）「広汎性発達障害にみられる『自明性の喪失』に関する発達論的検討」『精神神経学雑誌』一〇五、

一〇四五-一〇六二頁.
小林隆児（二〇〇八）『よくわかる自閉症――関係発達からのアプローチ』法研.
小林隆児（二〇一〇）「メタファーと精神療法」『精神療法』三六、五一七-五二六頁.
小林隆児・原田理歩（二〇〇八）『自閉症とこころの臨床――行動の「障碍」から行動による「表現」へ』岩崎学術出版社.
Stern, D.: (1985). *The Interpersonal World of the Infant: A view from psychoanalysis and developmental psychology.* New York: Basic Books. 小此木啓吾・丸田俊彦監訳、神庭靖子・神庭重信訳（一九八九・一九九一）『乳児の対人世界 理論編／臨床編』岩崎学術出版社.
Stern, D.（2010）. *Forms of Vitality: Exploring dynamic experience in psychology, the arts, psychotherapy, and development.* London: Oxford University Press.
Werner, H.（1948）. *Comparative Psychology of Mental Development.* New York: International University Press. 鯨岡峻・浜田寿美男訳（一九七九）『発達心理学入門』ミネルヴァ書房.

三 「甘え」と力動感（スターン）

――「甘え」理論はなぜ批判や誤解を生みやすいか

先の二つの論考を通して「甘え」理論の独創性とその意義を再認識した筆者であるが、その一方でこれまで「甘え」理論は誕生した当初から、多くの批判や誤解を生んできたことも事実である。そこで筆者は、「甘え」理論がなぜ批判や誤解を生みやすいのか、その問題の所在を少しでも明らかにし、「甘え」理論が人間の生涯発達過程における精神病理と精神療法を深める上で、今なお重要性を失っていないことを論じてみたい。その際、「甘え」とスターン Stern 理論の鍵概念のひとつである力動感 vitality affects との類似性に再度着目することで、これまでの「甘え」理論に対する批判や誤解を乗り越えることができるのではないかと思われるからである。

1　「甘え」をめぐって

「甘え」について

これまで「甘え」理論についてはは幾多の批判がなされてきた。その多くは「甘え」の定義を巡っての論争であった（井村ら、一九六八：竹友、一九八八）。その議論の中心にあるのは「甘え」という具体的な特殊状況をさす日常語に普遍的な意味を持たせて学術用語として使用することの是非をめぐっての問題で、そこでは精神分析的概念として用いる際の「甘え」はどのように定義されるのか定かではないというのが主だった批判であった。さらに最近では土居・長山論争（土居、一九九八、一九九九：長山、一九九七、一九九九）がある。そこで土居は「甘え」がなぜ誤解されやすいかについても言及しながら、「甘え」を再度以下のように説明している。

私（土居）は「甘え」を「甘える」の動名詞として、「甘える」心の動きが如何様にせよ働いている場合をさすと考え、その原型は乳児が母親を求めることにあるとする。要するに、「甘え」は（中略）私にとっては概念である。それは精神分析的思考においては対象関係を求めての原初的衝動に相当することになる。（土居、一九九八、三三二頁）

私がやったことは、「甘え」が現象として不在と見える場合も、その欲動が抑圧されるか否定されるという形で無意識に潜んでいると解釈し得ることを示すことであったのである。（土居、一九九九、九七二頁）

「甘え」は「甘える」の動名詞であるゆえ、「甘える」ことに関連するあらゆる事象が包含され、表面的には「甘え」とは全く関係ないかのように見えながら、潜在的に「甘え」が関わっていると考えられるものを含むというわけである。そもそも「甘え」は、乳児期の後半になって初めて現れることからもわかるように、人生の最早期に出現する精神発達に関わる事象である。つまりは原初段階における人間関係の成立に関わるものである。このような原初段階における体験は、その後の生涯発達過程における人間関係の営みにおいて、その原型として脈々と生き続けることになる。したがって、「甘え」にまつわる体験は、単に人間関係の成立にのみ関係するのではなく、精神発達のあらゆる領域において、深く浸透し、陰に陽に影響を及ぼし続けることになる。土居が人間の心の理解を探求するにあたり、いわばなんでも「甘え」で説明したり、解釈したりすることができるようになったのは、ある意味では至極当然の結果だということもできるのである。

「甘え」理論はなぜ誤解を生みやすいのか

なぜ「甘え」が誤解を生みやすいのか。この点について土居は簡潔に次のように述べている。

「甘え」理論を一部の人々に理解困難なものとしている最大理由は、結局「甘え」を概念として用いるということが理解しにくいためであることがよくわかった。(土居、一九九八、三三九頁)

つまりは「『甘え』が現象として不在と見える場合も、その欲動が抑圧されるか否定されるという形で無意識に潜んでいると解釈し得ることを示すこと」(土居、一九九九、九七二頁)が容易には理解されないのである。その一方で、日常われわれが「甘え」を用いる場合の多くは、屈折した「甘え」の如く一見して「甘え」とわかる事象においてである。なぜなら健康な「甘え」は相互的な信頼に根ざしたものであるがゆえに(土居、二〇〇一、九五頁)、表立って示されることは少なく、さり気ない形を取ることが多いからである。それゆえ「甘え」を現象としてしか理解できない者にあっては、たとえ無邪気な「甘え」を感じ取ることはあっても、多くの場合「甘え」を屈折した「甘え」に代表させてしまいがちになるがゆえに、「甘え」を否定的に捉えてしまうことになりやすい。このことが「甘え」理論に対する批判や誤解を生んできたひとつの大きな理由ではないか。

さらには、「甘え」の概念をめぐって、その曖昧さが批判の的になることも少なくないが、そもそも「甘え」という情緒を意味する概念を、ある特定の言葉で表現し尽くすことは原理的に不可能である。「甘え」がことばを生み出す底流に蠢《うごめ》いている情動であることを考えると、その視点の違いから幾多の表現が生まれてくるのはある意味で必然的なことである。その曖昧さや恣意性を批判するのは的外れの議論であると思われるのである。実はこのような「甘え」理論に対する批判の類いは力動感 vitality affects についても同様に行われてきたことが最近のスターンの著書(Stern, 2010)を読むとわかる。そこで次に vitality affects について言及してみよう。

2　力動感（スターン）をめぐって

原初的知覚としての力動感

力動感は原初的知覚の一種で、われわれが通常取り上げることの多い感覚を意味する五感（味覚、嗅覚、触覚、視覚、聴覚）とは異なり、五感に分化する以前の未分化な段階、つまりは原初段階の知覚様態である。この原初的知覚としてもうひとつの重要な概念に、相貌的知覚 physiognomic perception（Werner, 1948）があるが、これについては後で少し触れることになる。

力動感の最大の特徴は、あらゆる刺激の動きの変化、つまり瞬間瞬間の変化を刻んでいく動きを感じ取ることにとりわけ鋭敏なところにある。このように刻々と変化する動きは、横断的に固定した形で把握することはできず、「いま、ここで」直接関与する形でしか捉えることのできない性質のものである。ことばにすることの困難な直接的体験である。ことばを換えて言えば、「リアリティ」ではなく、「アクチュアリティ」の問題だということである（木村、一九九四、三〇頁）[*13]。力動感がこのような性質を持つことを考えると、われわれの日常的な営みである精神療法の実践において、力動感がいかに重要な役割を担っているかがわかる。

力動感は〈知覚－運動－情動〉過程である

原初的知覚としての力動感の特徴としてもうひとつ忘れてならないのは、単に動きの変化のみを鋭敏に感知しているのではないということである。知覚過程、運動過程、情動過程は、一見すると各々独立した精神機能の如く理解されやすいが、原初段階においては、これらの各過程は同時的に、分節化されない形で機能している。身体を動かせば、自ずから情動も揺さぶられ、同時に知覚のありようも変容する。たとえば、身体が心地よく揺さぶられれば、情動も快の興奮を呈し、その際の外界知覚は好奇心が掻き立てられるほどに快の様相を示す。しかし、不意に不安な状況に置かれたならば、身体は凍りついて固まり、外界刺激も恐ろしい形相で迫ってくる。このように、原初段階では、情動、運動、知覚などの諸機能は不可分に未分節な形で、共時的に働いているものなのである。これまで筆者が〈知覚‐情動‐運動〉過程と称してきたのはそのためであって（小林、二〇〇八；小林、二〇一〇b）、けっして知覚の特性のみ抽出すれば済むというものではない。

vitality affects（力動感）から dynamic forms of vitality へ

スターン（2010）は力動感について、あまりにも批判や誤解が多いことに辟易したのか、"dynamic forms of vitality"という新たな概念のもとに、力動感について一冊の書を纏めている。本書で力動感から"dynamic forms of vitality"に換えた経緯について以下のように述べている。

私〔スターン〕はこれまで長年にわたって、臨床経験の力動的観点に関心を持ち続けてきた。そして、この観点からいろいろな専門用語を使用してきた。"vitality affects", "temporal feeling shapes", "temporal

---

＊13　詳しくは一六‐一七頁を参照のこと。

feeling contours", "proto-narrative envelopes", "vitality contours", "dynamic forms of vitality"などである。Koppeら(2008)[*14]はこのように用語が変わることによって生まれるいくつかの問題を指摘している。用語の変化は概念の変化を伴っているのかどうかという疑問である。答えは「はい」ともいえるし、「いいえ」ともいえる。なぜこのようにいろいろと用語を変えてきたかといえば、その主な理由は、力動的な用語を厳密にことばに当てはめることは困難で、私が主張したいことを完全に把握することはけっしてできないからである。今でもなお新たな試みを続けているが、いまだ満足していない。別な言い方をすれば、用語の変化は必ずしも概念に重要な変化を生んでいるのではない。私の思いは、概念が変わったというよりも、いろいろと異なった概念の枠組みを通して、そのことを改めて強調することにあった。本書では、これまでいろいろと述べてきたいくつかの用語を集めて一つにし、それらをより包摂する概念として"dynamic forms of vitality"を用いている。この用語は、以前議論した「時間」time と「強度」intensity の他に、「力」force、「動き」movement、「空間」space、「方向性」directionality、そして「生命感」aliveness を加味したものになっている。(筆者訳、p. 17)

力動感はどのように表現されるか

ではスターン自身は"dynamic forms of vitality"ないし力動感の重要性をどのように主張しているのか。彼の主張をみてみよう(Stern, 2010)。

"dynamic forms of vitality"は体も心も共に動くように働き、当事者もそれをせいぜいかすかにしか気づくことはできず、意識化することも困難である。その大半は事後的にしか気づくことができない性質の現象である。これが機能しなくなると、世界の興味の大半は失われ、人間関係においても、芸術の世界においてもなんら感動や好奇心をもたらさないものへと変質していくほどに、人間の生命活動においてもっとも基本に流れているものである。"dynamic forms of vitality"が失われると、アナログ的なものからデジタル的なものへと変質していくようなものである。(筆者訳、p. 4)

このようにアクチュアルにしか捉えることのできない現象をわれわれは精神療法においてどのように体験し、言語化することができるのか。このことについてスターンは次のように述べている。患者が「何を語ったか」、「なぜそう語ったか」にではなく、「いかに語ったか」に留意せよと(傍点は筆者による、p. 8)。患者の語りがどのように行われたか、そこに患者の思いが反映されているからなのであろう。"dynamic forms of vitality"がどのように表現されるのかといえば、その多くは副詞や形容詞で示される。その具体例として、「爆発的な」exploding、「波打つような」surging、「加速度的な」accelerating など、多くの例を列挙している(p. 7)。

*14 この論文の発表年が、本文では二〇〇七年、文献欄では二〇〇九年となっているが、いずれも誤りで、二〇〇八年が正しい(EBSCOhost データベース調べによった)のでここでは修正した。

3　「甘え」と力動感

土居が「甘え」に着目して最初に手掛けたことは「甘えたくても甘えられない心」のありようの重要性を発見したことである（土居、一九五八、一九六〇）。それが「甘え」のアンビヴァレンスである。そのことについて土居は以下のように述べている。「『甘えたくても甘えられない心』という言葉で表現し得るような精神状態の一つのゲシュタルトは神経質患者に特有なものである」（土居、一九五八、七三九頁）と。土居は患者の示す精神病理の背後に「甘え」にまつわるこころの動きを見て取ったのだが、それは「甘えたくても甘えられない心」の動きをゲシュタルトとして捉えたことを意味し、このようなこころの動きのゲシュタルトを捉える際に重要な役割を果たしているものこそまさに力動感であるのだ。力動感は人間の情動（こころ）の変化をゲシュタルトとして捉えることに特徴をもつが、土居が患者との面接で「甘え」の問題を見て取ることができたのは、この力動感の働きに依る所が大きかったということである。その際何より大切になるのは、このような他者のこころのありようを掴むためには、自らのこころのありよう、つまりは自分の「甘え」のアンビヴァレンスをわかっていなければならない。土居の発見の背景には、土居自身の悲壮なまでの「甘え」にまつわる体験（小倉、二〇一〇）があり、それに対する深い内省があったからに他ならないのだ。土居はそのことについて、

同一化できるということは「甘え」を知っているということでもある。治療者は自分の「甘え」がわかっているので患者の「甘え」を、たとえそれが単なるほのめかしであっても、患者自身はそれを自覚できな

いでいる場合もキャッチすることができる。大体「甘え」というものが本来無自覚なのだ。もちろん同一化も同じことである。治療者はしかしそれが自覚できるのでなくてはならない。無自覚で始まっている「甘え」にせよ同一化にせよ、それを萌芽の状態でとらえることが肝要である。それでこそ本当の治療者である。かくして初めて重い病理の患者も治療関係に入ることができるのではないかと私は考える。(土居、二〇〇九、一二三―一二四頁)

と述べている。

このように他者のこころのありようを理解するという共感的理解は、他者のこころのありようと自らのこころのありようとの間に相同的なゲシュタルトを感じ取ることによって可能になるが、そこでの力動感の果たしている役割を忘れてはならない。したがって、土居が「甘え」のアンビヴァレンスを発見できたのは力動感の働きに大きく依っているということもできる。ここに「甘え」と力動感との深い繋がりを見て取ることができるのである。

「甘え」への批判や誤解は力動感によって減じることができるか

先に「甘え」が批判や誤解を生みやすいことについて言及したが、ここで再度取り上げてみたいのは、「甘え」と力動感の比較検討である。このことが「甘え」の批判や誤解を減じることにつながるのではないかと思えるからである。

土居は「甘え」概念と精神分析との関係を論じる中で以下のような指摘をしている(土居、二〇〇一)。

この〔精神分析を専門として成り立たせる根本の〕考え方は、一言で言えば、精神現象というものは必ず何らかの意向を持っているということである。別の言い方をすれば、精神現象はすべて人間関係を前提としており、人間関係の中での機能を持っているということになる。（中略）一見コミュニケーションの用をなさないように見えるものも含め精神現象すべてをコミュニケーションの相のもとに見ることが可能である。（七八-七九頁）

それ〔「甘え」という言葉の意味内容〕は人間関係において接近を喜ぶ感情を示す。それはまたそのような感情を持つことを欲することであると言うこともできる。更に（中略）「甘え」現象はふつう非反省的・非言語的に起きる。（八四頁）

これら土居の指摘からもわかるように、「甘え」においては接近という動きの変化が快の情動興奮を引き起こす。しかし、「甘え」のアンビヴァレンスが強い状態にあっては、接近は逆に不快な情動を誘発するがゆえに、思わず回避的反応が誘発されることになる。

アンビヴァレンスの原初形態

筆者はこのような現象をＭＩＵでの臨床において幾度となく認めてきたが、最早期の乳児段階で捉えた「甘え」のアンビヴァレンスの表現型は以下のような特徴を示している。

一見すると子どもはいつも母親を避けているように思われるが、実際にはそうではない。母子が互いに離れていると、子どもは母親への関心をそれとなく示して、相手をしてもらいたそうにしているが、母親がいざ直接関わろうとすると、途端に回避的態度をとって、まるでかまってもらいたくないような仕草を示している。

ここに示された母子間のこころの動きのゲシュタルトに、筆者は「甘えたくても甘えられない」心理を読みとるとともに、「甘え」のアンビヴァレンスの原初形態は恐らくこのような回避的反応にあるのではないかと考えた。しかし、このような現象をも「甘え」の問題として捉えることはなかなか容易なことではない。土居のいう「萌芽の状態」での「甘え」の問題だともいえようが、これを力動感を用いて考えると、さほど抵抗なく理解できるように思えるのである。なぜかといえば、接近や回避という運動が快／不快という情動と共時的に機能するというのはまさに力動感の特徴そのものであることから、このような動きをわれわれは容易に察知することができるのである。つまり「甘え」という日本人にとってあまりにも自明すぎることばに換えて、力動感を持ち出すことによって、日常語の「甘え」の多義性に惑わされることなく、ゲシュタルトとして感知することが可能になり、「甘え」にまつわる幾多の誤解を減じることができるのではないかと期待されるのだ。さらに力動感を用いることによって理解の幅が広がるのは、このような運動や情動が、知覚そのもののありようとも深く関連していることを教えてくれるからである。

そのことについて筆者は先の章で土居論文「勘と勘繰りと妄想」を再照射する中で論じた。土居が取り上げた統合失調症の妄想の体験様式は、それまでの周囲世界の相貌性が急速に変貌を遂げ、迫害的な色彩を帯びていることを示しているが、このような変化の引き金となっているのが、「愛情に関連のあることが感じられるとき」だという。これこそ「甘え」にまつわる感情が強く揺さぶられていることを示しているが、それは潜在化していたアンビヴァレンスがそのことによっていたく刺激されたと考えられるからではないか。「甘え」にまつわる感情が刺激されると、強いアンビヴァレンスを抱えた患者であれば、内面に強い動揺が起こり、さまざまな異常行動や症状が出現するのは、これまで筆者が発達障碍を対象に明らかにしてきたことであるが（小林、二〇〇一、二〇〇四）、このことは統合失調症においても該当するのではないかと思われる（小林、二〇〇三）。そして、このような体験様式の特徴こそ、原初的知覚そのものの働きであるということである。ただここでいう原初的知覚においては、力動感というより、もう一つの相貌的知覚 physiognomic perception（Werner, 1948）の果たしている役割が大きいと考えられるのである。

以上の如く、「甘え」を力動感を通して改めて見直すと、「甘え」にまつわる心の動きを体験する際には、そのゲシュタルトが同時的に情動の変化を誘発し、何らかの言動として現れるということである。とするならば、「甘え」のアンビヴァレンスの現われは、屈折した「甘え」の如く、誰の目にもよくわかるような言動ばかりではないのだ。先に述べたように、アンビヴァレンスの萌芽の状態にあっては、他者の接近に対して思わず回避的行動を取るなど、さり気ない形で現れているのだ。したがって、このような萌芽の状態にあるアンビヴァレンスを察知するためには、屈折した「甘え」としてというよりも、「他者の接近に対して思わず回避的行動を取る」という二者関係における両者のこころの動きのゲシュタルトとして捉えるという知覚体験として理解することの方がより容易になるのではないかと思う。このように考えていくと、屈折した「甘え」は、この萌芽状態がさまざまに修飾された結果の表現型だと見なすこともできよう。よって、「甘え」のアンビヴァレンスの問題が屈折した「甘え」に代表されるものとして理解されている限り、「甘え」に対する批判や誤解は避けて通ることはできないように思う。ほとんど誤解としか言いようのない幾多の批判を目にするると、今回筆者が主張した「甘え」にまつわる心の動きを力動感を通して改めて見直すことにより、面接過程でアンビヴァレンスの現われをより鋭敏に感知することができるのではないかと思うのだ。アンビヴァレンスの萌芽段階がいかに微妙な表現型を取るかを力動感を通して見直すということである。そのことにより、「甘え」に対する批判や誤解を減じることができるのではないかと期待されるのである。

4　メタファと転移にみられる論理構造

メタファと転移を繋ぐ力動感

土居は今となっては遺著となった『臨床精神医学の方法』(土居、二〇〇九、一七三―一七五頁)の中で、精神療法を行う上でメタファを解するようになることが、殊の外重要であることを力説している。このことに刺激を受けて、最近筆者は力動感の観点からメタファと精神療法の関係について論考を纏めた(本書の第Ⅱ章第一節)。その中で指摘したのは、メタファは、喩えるものと喩えられるものとの間の共通性を感じ取って表現される修辞法のひとつであるが、そこで見出される共通性とは先ほど述べたゲシュタルトそのものであり、それを見出すことを可能にしているものこそ力動感だということである。たとえば、「とげとげしい話し方」という修辞的表現は、とげが刺さったときの痛みのゲシュタルトと、話を聞いた際に感じるゲシュタルトとの間に、その相同性を見て取ったがゆえに成り立つメタファである。

さらに土居は転移の論理構造がメタファと同じだともいう(同、一七五頁)。転移は乳幼児期の親子関係のありようが現在の〈患者―治療者〉関係において再現することを指すが、転移の中で再現するのは、けっして具体的に目に見える形での過去のことばや行動そのものではなく、患者のこころの動き、つまりは過去と現在との間で捉えた相同的なゲシュタルトである。土居はそこに「甘え」にまつわるこころの問題、つまり「甘え」のアンビヴァレンスを鋭く見て取ったのだ。このように対人関係の心の動きをゲシュタルトとして捉えて、その相同性を感知することを可能にしているものこそ力動感であることを考えると、メタファと転移の論理構造が同じだという土居の主張は極めてよく理解できるのである。

メタファと転移解釈を生み出す過程に果たす力動感の役割

精神分析療法で治療の根幹をなすのは転移と解釈である。先述したように転移をみてゆくと、解釈とメタファが極めて深い関係にあることが浮かび上がってくる。〈患者－治療者〉関係の中に、転移を見て取った治療者はそれを患者に映し返すことで患者に気づかせる必要がある。これこそ精神分析療法でいうところの転移解釈である。乳幼児期早期の母子関係と現在の〈患者－治療者〉関係の中に、相同的なゲシュタルトを感知し、それを言語化して患者に映し返す営みである。このような解釈を生み出す過程とメタファが生まれる過程が同じ論理構造を持つ営みであるという土居の主張は、力動感の果たす役割を介することによって腑に落ちるものになっていくのである。

転移解釈と共感

転移解釈が、結果的にメタファを生み出す言語化の過程と構造的に同じであるとするならば、精神療法において、そのような解釈がなぜ大きな治療効果を生むのであろうか。

土居は先に取り上げた「勘と勘繰りと妄想」（土居、一九八六）において、感情移入ないし共感が「勘」に極めて近いことを指摘し、その理由として、コミュニケーションの質を決定するコンテクストを探り当てることが「勘」の本質的な働きだとすれば、コミュニケーションにおいて最も重要なコンテクストの一つが感情であることから、「勘が相手の感情に対して働く場合を特に取り上げて精神分析ではエンパシー（共感）と名づけているといってさしつかえないのである」（同、三六一頁）とも述べている。「甘え」にまつわる心の動きを感知する際に主要な役割を力動感が果たしていることを考えると、メタファ的な表現の形をとった解釈が精神療法において患者に劇的な変化をもたらすのは、そこに共感的関係が生まれているからに他ならない。

5　スターンの提示した事例を「甘え」を通して考える

最後に、スターン（Stern, 2010）が力動感の意義を論じた著書に記載されている事例の中から、ひとつのエピソードを取り上げ、それを「甘え」を通して見直すと何が見えてくるかを考えてみよう。ある乳児と母親とのコミュニケーション場面において、双方の言葉の力動感を見ていくことによって、世代間の心理的問題が浮かび上がってくることを示したものである。

生後九カ月の息子と母親が床の上に横に並んでジグソーパズルで遊んでいた。子どもはパズルの一片を摘んで口の方に持っていった。母親はいつもの声で「いけません。それは食べる物ではありませんよ。それはパズルの一片よ」と言って、子どもの動きを手で遮った。子どもは「ウーン」と声を出して、再びその一片を取ろうとした。すると母親は先ほどよりも強い口調で「駄目と言ったでしょ！」と繰り返した。その子は「ウーン、ウーン」と（さらに強い声で）反応した。母親はますます強い声で「駄目でしょ！　それは食べるものではないのよ！」と言った。子どもはさらに激しく「ウーン、ウーン、ウーン」と声を出した。すると母親は子どもの方に身体を傾けて、眉を下げ、抑揚のない平坦で、かつ怒りを込めた強い緊張のこもった声で、「お母さんに怒鳴りつけるんじゃないの！　駄目って言ったでしょ！」と言った。するとますます子どもの声は「ウーン、ウーン、ウーン、ウーン」とエスカレートしていった。ここで母親は諦め、子どもに降参した。表情は和らぎ、急に誘惑的な微笑みを浮かべながら、母親は椅子に座り直した。そして抑揚のある声で次のように言った。「それはそんなに美味しいの？」すると子どもは一片を口の中に入れた。母親は子どもに勝利の代償を払わせた。軽蔑したように鼻をぴくぴく動かしながら、少し勝ち誇ったような声で母親は言った。「それはただのボードよ。それがそんなに美味しいの？」（筆者訳、pp. 146–147）

母親の子どもに対してみせた反応を理解する上でその原家族の特徴が述べられている。つまり母親自身の子ども時代に、目の前で両親の凄まじい口論が繰り返されていた。何か欲しい物があると要求し続ける父親に対して駄目と言っても一向にあきらめず主張し続ける。最後に母親は諦めるが、その際父親に対して「あなたは馬鹿よ！　まるで赤ん坊よ！」と蔑みながら口にしていた。このような母親自身の両親の関係性が母子の対話にみられる力動感を通して再現されているというのである。

スターンのこれだけの記述からあまり推測を交えることには慎重を要することとは思うが、筆者はこの母子関係と類似した事例に多数出会ってきた。子どもが母親に対して殊更怒りを誘発するような行動をとる母子例である。この種の行動はこれまで「挑発行動」と称されてきたもので、相手の怒りを引き出す、つまりは挑発する行動だというわけである。筆者はこのような行動が生まれやすい関係性の特徴を見ていく中で、子どもに強い「甘え」のアンビヴァレンスを見て取った（小林・原田、二〇〇八、二八－三二頁）。そのことが結果的に母子間の負の循環を生み、関係障碍がもたらされるというわけである。なぜ負の循環を生むかと言えば、子どもは母親に対して、構ってもらいたい、相手をしてもらいたい、という「甘え」からこのような行動を取っているが、行動自体が母親には受け入れがたいものに映るために、どうしてもその行動に対して叱咤や拒絶でもって応えてしまうことになる。すると、子どもは「甘え」を突き放されるがゆえに、より一層このような行動を繰り返さざるを得ない。こうして負の循環が生まれていく。自分をかまってもらいたいけれども、素直にそれ（「甘え」）を出すことができず、つい「挑発行動」という表現型をとってしまっている。このような「挑発行動」の背後に「甘え」を見て取ることができるのは、子どもの母親に対して取っている対人的構えに、「甘えたくても甘えられない」こころの動きのゲシュタルトを感じ取ったからであるが、それは力動感に依るところが大きいのは先に述べたとおりである。こうして「挑発行動」と見える行動の背後に子どもの「甘え」を感じ取って対応することによって、「挑発行動」は消退していくことが期待されるのである。残念なことにスターンはそこに「甘え」にまつわる心の動きを感じ取っていない。「甘え」概念を用いた「関係性」の視点は、関係介入の大きな武器となっていることが改めて実感させられるのである。

精神療法において「甘え」と力動感それぞれの概念の果たしてきた役割を比較検討してきたが、本稿で筆者がとりわけ強調したかったのは、屈折した「甘え」の原初段階での表現型がどのようなものかを示すとともに、そこに示されているこころの動きのゲシュタルトを明示することであった。なぜなら、屈折した「甘え」は成長段階で実に多様な表現型を取るようになるために、そこでは必然的に「甘え」は多義性を帯びるようになる。誤解が生まれやすいのは、そのことが深く関わっていると思われるからである。本稿で示した萌芽段階での「甘え」にまつわる心の動きのゲシュタルトを力動感を通して理解し直すことにより、これまで少なからず認められた「甘え」理論に対する批判や誤解を減じることが可能ではないか。そして、それはさらに「甘え」理論の再評価にもつながっていくのではないか。そのことによって、「甘え」というわが国固有の文化の中から生み出された「甘え」理論の存在価値はより一層輝きを増すのではないかとも思われるのだ。それは「甘え」という情動のありようを体験的に理解してきたわれわれ日本人の貴重な文化的財産から生まれたものだからである。

文献

土居健郎（一九五八）「神経質の精神病理――特に『とらわれ』の精神力学について」『精神神経学雑誌』六〇、七三三―七四四頁.

土居健郎（一九六〇）「『自分』と『甘え』の精神病理」『精神神経学雑誌』六二、一四九―一六二頁.

土居健郎（一九七一）『「甘え」の構造』弘文堂.

土居健郎（一九八六）「勘と勘繰りと妄想」高橋俊彦編『分裂病の精神病理15』、東京大学出版会、一―一九頁.

土居健郎（一九九八）「『甘え』概念の明確化を求めて――長山恵一の批判に応える」『精神神経学雑誌』一〇〇、三二一―三三〇頁.

土居健郎（一九九九）「『甘え』概念再説――長山恵一氏の反論に寄せて」『精神神経学雑誌』一〇一、九七一―九七二頁.

土居健郎（二〇〇一）『続「甘え」の構造』弘文堂.

土居健郎（二〇〇九）『臨床精神医学の方法』岩崎学術出版社.

井村恒郎・新福尚武・荻野恒一・武村信義・西園昌久・小此木啓吾・土居健郎（一九六八）「甘え理論（土居）をめぐっ

て」『精神分析研究』一四、二一―二三頁.

木村敏（一九九四）『心の病理を考える』岩波書店.

小林隆児（二〇〇一）『自閉症と行動障害』岩崎学術出版社.

小林隆児（二〇〇三）「広汎性発達障害にみられる『自明性の喪失』に関する発達論的検討」『精神神経学雑誌』一〇一、一〇四五―一〇六二頁.

小林隆児（二〇〇四）『自閉症とことばの成り立ち』ミネルヴァ書房.

小林隆児（二〇一〇）「メタファーと精神療法」『精神療法』三六、五一七―五二六頁.

小林隆児（二〇一一）「関係からみた『勘と勘繰りと妄想』（土居健郎）」『精神療法』三七、三二七―三三六頁.

小林隆児・原田理歩（二〇〇八）『自閉症とこころの臨床』岩崎学術出版社、一一八―一三二頁.

Koppe, S., Harder, S. & Vaever, M. (2008). Vitality affects. *International Forum of Psychoanalysis*. 17, 169–179.

鯨岡峻（一九九九）『関係発達論の構築』ミネルヴァ書房.

長山恵一（一九九七）「『甘え』現象の基本的構成と特性に関する考察――甘え理論（土居健郎）の明確化を通して」『精神神経学雑誌』九九、四四三―四八五頁.

長山恵一（一九九九）「『甘え』概念の相対化を求めて――土居健郎氏の討論を読んで」『精神神経学雑誌』一〇一、五一―五九頁.

小倉清（二〇一〇）「土居健郎という人物について」『精神分析研究』五四、三二三―三三〇頁／「『甘え』理論と土居健郎の生涯」小林隆児・遠藤利彦編（二〇一二）『「甘え」とアタッチメント』遠見書房、八八―一〇三頁所収.

Stern, D. (1985). *The Interpersonal World of the Infant*. New York: Basic Books. 小此木啓吾・丸田俊彦監訳、神庭靖子・神庭重信訳（一九八九／一九九一）『乳児の対人世界　理論編／臨床編』岩崎学術出版社.

Stern, D. (2010). *Forms of Vitality*. London: Oxford University Press.

竹友安彦（一九八八）「メタ言語としての『甘え』」『思想』七五八、一二二―一五五頁.

Werner, H. (1948). *Comparative Psychology of Mental Development*. New York: International University Press. 鯨岡峻・

浜田寿美男訳（一九七六）『発達心理学入門』ミネルヴァ書房．

III

乳幼児期の母子の関係病理

――「あまのじゃく」

一　乳幼児期の母子関係からみたアンビヴァレンス

「はじめに」で述べたように、筆者は過去一四年間（一九九四〜二〇〇八）、母子ユニット（Mother-Infant Unit：以下、ＭＩＵ）で行った乳幼児期の子どもたちにおける対人関係障碍の質的検討を手がけ、最近纏めることができた（小林、二〇一四ａ）。

ＭＩＵでの臨床活動の主な対象は、乳幼児期早期に母子関係に深刻な問題を持つ事例であった。ただ、筆者は可能な限り早期段階での母子関係の様相を観察することによって、これまで発達障碍（主に自閉症スペクトラム：以下ＡＳＤ）と診断される前段階からいかに発達障碍特有な病態へと進展していくかを明らかにしたいとの強い思いを抱いていた。このことがのちのち筆者にとって非常に大きな意味を持つことになった。それは何かと言えば、近い将来多動や常同反復行動といった発達障碍の典型的な病像を呈する事例ばかりではないということである。表面的には適応的で発達障碍と診断するのを躊躇《ためら》わせる事例、さらには従来の発達障碍よりも一層深刻な病態を呈する事例も少なからず認められたことである。

以下、具体的にその要点を解説しよう。

1　乳幼児期の母子関係の中で現れるアンビヴァレンス

「アンビヴァレンス」はどのように表に現れるか

生後半年を経過した頃から乳児は特に母親に対してはっきりと甘えるようになる。そのためこの頃から子どもが「甘え」をめぐる問題を持つ場合には、母子関係に独特な難しさが顕在化してくる。その典型例である生後九カ月の乳児の場合を示す。

母親の訴えでは、子どもは自分になつかないとのことであった。母子同席での面接で、筆者が母親と面接をしているそばで子どもは座っている。子どもはまったく母親の存在を無視しているかというとそうではなく、さかんに母親に近寄って膝の上に登っていくが、いざ母親が抱っこしようとすると、すぐにむずかって降りようとする。母親が降ろすと、すぐにまたむずかり始め、母の膝の上に登ろうとする。このような行動を繰り返すばかりである。

子どもはけっして母親をずっと避けているのではなく、離れていると母親を求めて近寄る。いざ母親が抱きかかえようとすると、すぐにむずかり降りようとする。母親が降ろすと再び先ほどと同様に抱っこを要求してむずかる。両者の関係の難しさは、母親が相手をしようとすると回避し、放っておくと相手を求めるというところにあることがわかる。

このような関係の特徴は一歳過ぎて子どもが歩き始めると、より一層明確になる。一歳台の子どもでは次のような反応を示す。

母親が直接関わろうとすると子どもは回避的になるが、いざ母親がいなくなると心細い反応を示す。しかし、母親と再会する段になると再び回避的反応を示す。

そのため、両者の間でいつまで経っても好ましい関係の深まりが生まれず、逆に両者とも強いフラストレーションを体験することによって、その関係は負の循環を生むことになる。

〇歳から一歳の子どもに見られるこのような母子関係の独特なありように、筆者は子どもが母親に対して「甘えたくても甘えられない」心理状態にあることを読み取り、それを**「甘え」のアンビヴァレンス**（以下アンビヴァレンス）と称した。

さらに重要なことは、一般には孤立によって心細くなれば、強い不安とともに悲しみや怒りが湧いてくるが、アンビヴァレンスの強い子どもたちはそれを直接母親に向けることができないことである。

自閉症という疾病概念が提唱されたのは、彼らに対人回避的態度が顕著であったからである。「自閉」という用語にはそのような意味合いが込められている。しかし、その対人回避的態度とも見える子どもたちの内面に焦点を当ててみると、さほど単純なものではないことがわかる。彼らは母親に対して「甘えたくても甘えられない」がゆえに、ことさら回避的態度を取っているということである。それはわれわれ日本人にとっては馴染み深い屈折した「甘え」としての**「拗《す》ねる」**態度として表現することができる。

筆者が一歳台の子どもたちの回避的行動をその気持ちの動きとともに捉え、「拗ねる」と描写することができたのは、母子関係の様相という視点から捉えることによって、子どもの行動の持つ意味が文脈の中で浮かび上がってきたからである。「個」の病理というとらわれから自由になって初めて可能になったということである。

2　アンビヴァレンスによる不安と緊張への対処行動

一般に彼らが「自閉的」と感じられているのは、このように回避的構えがとても強いことが大きな要因となっている。多くの場合、その背後に動いている「甘え」に気づくことが難しいことによって、次第に彼らは自らの不安や緊張を緩和するため、孤独な中で多様な対処行動を取るようになる。それが二歳台になると顕在化してくることになる。

一歳台では、子どもたちの「甘えたくても甘えられない」ための不安と緊張は第三者の目にも比較的わかりやすい形で表現されているが、二歳台の事例を通覧した時、強烈に印象づけられるのがアンビヴァレンスの表現型が一気に多様化の様相を呈してくることである。

なぜならアンビヴァレンスは子どもの「甘え」体験に阻害的に作用するため、いつまでも心細さは解消されず、強い不安と緊張に晒されることになる。それは子どもにとって過酷な事態であるため、少しでもそれを軽減しようとさまざまなことを試みることになる。二歳台の子どもたちにみられる多様な反応はそうした不安や緊張への対処行動として捉えることができる。以下具体的に解説する。

（1） 対人回避的傾向から進展した対処行動――内向的反応

第一に、相手から距離をとって直接的な関わりを回避する。しかし、母親の存在が気になり、何かに集中することはできない。そのため母親の存在を気にしながら何かとサインめいた行動を取るが、一定の距離をとってそれ以上には近づかないという行動である。そのような子どもの行動は、われわれには**「気移りが激しい」**、**「多動」**、あるいは**「落ち着きの無い」**状態として映る。

第二に、母親に対して直接的な関与を回避し、自己充足的な方法で対処しようとする行動である。それは何かによって気を紛らわし、不安と緊張を多少なりとも和らげようとするための行動である。これまで**「繰り返し行動」**、**「常同反復行動」**として捉えられてきたものである。

第三に、自分の周りの環境を極力変化の無い状態に保とうとする対処行動である。不安が強く安心が得られない状態に置かれると、周囲の知覚刺戟が子どもたちにとって不快で不安を駆り立てるような色彩を帯びたものになる。そのため、子どもたちは周囲の世界を極力変化のない状態に保とうとする。われわれには些細と思われるような変化が子どもたちには強い不安を引き起こすからである。**「同一性保持」sameness** などと言われ、自閉症に特徴的とされてきたものである。

第四に、常に他者との関わりを回避していくならば、他者に依存することはできず、結果的に**「過度に自立的に振る舞う」**ようになる。自分で思うようにならない時でも他者の力を借りることなく、あくまでひとりでやろうとする。対人回避的で自閉的と印象づけられる行動を取るがゆえの必然的な結果である。

以上の内容を改めて眺めてみると、これらの対処行動の大半はＡＳＤの診断において中核的な症状として取り上げられているものであることに気づかされる。**「自閉的な対人行動」**、**「常同反復的行動」**、**「強迫的こだわり」**などである。

これらの行動特徴はこれまで一次的障碍として捉えられ、脳障碍との関連が強いものとして理解されているが、今回の研究によれば、母子関係において生まれた「アンビヴァレンス」すなわち「甘えたくても甘えられない」ことによって必然的に生まれた反応であることがわかる。「甘え」に焦点を当てることによってこれらの行動はすべて一元的に理解できるのである。

（2）相手との関係を求めるための対処行動――外向的反応

つぎに取り上げるのは、子どもの方から直接的に母親に何らかの関わりを志向しながら対処しようとする試みである。先の対処行動を内向的反応とするならば、このような対処行動は外向的反応だということができる。この種の対処行動は母子関係をより一層複雑なものにしていく。なぜならそれによって母親にもより屈折した反応を誘発することになりやすいからである。それは以下のような形を示している。

なんとか母親の関心を自分に引き寄せようとして、相手の嫌がることをやろうとする。「甘えたくても甘えられない」子どもにとってある意味では自然な反応だということもできるが、それはこれまで**「挑発行動」**といわれてきたものに該当しよう。

このような行動に対して用いられてきた「挑発行動」という表現は、子どもの立場から捉えたものではなく、われわれ大人の視点から捉えたものである。子どもたちはけっしてわれわれを挑発して相手の怒りを引き出そうと企んでこのような行動を取っているのではない。あくまでその動機は「甘えたくても甘えられない」ために、相手の関心を自分に引き寄せたいという「甘え」に端を発したものである。つまり、「甘え」を背景に生まれた「関係」の問題として捉えることが大切だということである。

しかし、このような対処行動はあまり功を奏することはない。相手の嫌がることをやれば、相手の関心を引き出すことには成功しても、叱咤されることによって結果的には突き放される。すると子どもは再び心細さから不安に襲われる。それがさらなる相手の関心を引き出すための「挑発行動」を誘発する。このようにして母子関係の悪循環は進展していく。思春期以降に頻発する行動障碍の多くはこのような関係の悪循環によってもたらされたものである。将来的に悲惨な結果を生む対処行動である。

ついで取り上げたいのは、先の「挑発行動」が直接相手に向けられた行動であるのに比して、相手の関心を自分に引き寄せようとする点では同じ目的を持つが、行動としては直接自分に向けられたものがある。それがわざとらしく壁に頭を打ち付けるなどの注意喚起行動としての**「自己刺戟行動」**である。

「自己刺戟行動」も先の「挑発行動」と同様、功を奏することはない。時には、相手から同情の念を示されることはあっても「甘え」そのものが享受されることは期待できない。相手からは制止され、禁止されることになる。すると子どもは当初の意図が達成されず、突き放されることによってより一層心細さは強まっていく。その結果、「自己刺戟行動」はより一層激しいものになっていく。**「自傷」**と称されてきたものは注意喚起行動としての「自己刺戟行動」が発展したものとして捉えることができるのではないか。このような「自己刺戟行動」は情動負荷を軽減する働きをも担っていることから習慣化しやすい。

（3）　相手の顔色をうかがう行動から進展した対処行動

「甘えたくても甘えられない」子どもたちは、いつまでたっても「甘え」を断念することができず、常に母親の顔色を伺うようになる。それを土居（一九五八）は「変態的な依頼関係」[*15]と称したが、そのような状態にあって、子どもたちがなんとか母親との関係を維持しようとして試みる対処行動は、その深刻さの度合いからいくつかに分類できる。

第一に、「甘えたくても甘えられない」子どもがなおも母親との繋がりを求めようとする際に、最も穏便な解決方法は、相手の意向に沿って行動することである。相手の怒りを引き起こすことなく、相手も喜んで受け入れてくれるからである。その典型的な対処行動が**「いい子になる」**ことである。相手の期待に沿うことによって自分の存在を認めてもらおうとする試みである。

第二に、先の相手の意向に従うことと近縁の反応であるが、相手の意向が読みにくい場合、子どもはたじろぎ、どう対処すれば良いか困惑が強い。そこで相手の意向を常にうかがいながら、相手に気に入られようと懸命に振る舞うようになる。**「相手に取り入る」**、**「媚《こ》びる」**などと表現できるような言動である。このような対処行動はわれわれには演技的色彩を帯びて映りやすいが、子どもなりの母親との関係を維持しようとする懸命なもがきとして捉えることができる。それでも「甘え」が得られない時には、母親が見ている前でストレンジャーである他人に甘えてみせ、母親に**「当てつける」**、**「見せつける」**ようになる。

第三に、「いい子になる」ことが、自分なりの能動的な対処行動であるとするならば、次に問題となるのは、

＊15　五九頁参照。

自分の欲求や意思を全面的に押し殺し、相手の思いに**「過度に従順に振る舞う」**ことである。その結果相手の思いに翻弄されることになる。母親の価値観に引きずられるようにして母親の誘いに乗せられていけば、このような結果を生む危険性が高まる。それほど子どもは無力な存在だということである。このような対処行動がいかに痛々しいものかは誰でも想像できようが、われわれが特に問題としなければならないのは、それが後々深刻な自我障碍をもたらすからである。

（4）明確な対処法を見出すことができず周囲に圧倒された状態

最後に、最も深刻なものは、自分なりの効果的な対処行動を見いだすことができず、周囲に圧倒され、なす術を無くしている状態にある場合である。強い**「困惑」**が生まれ、**「茫然自失」**となっていく。そこでは周囲の刺戟が子どもたちにとって圧倒的な力を持って侵入的あるいは侵襲的に映り、迫害的な不安に襲われていると想像できる状態である。そのため、彼らは自分でその場から逃げることも、誰かに助けを求めることもできない。まさに全身が凍り付いたような状態を呈するようになる。それは精神病理学的には**「カタトニア」**と称される病態と同質のものだと考えられる。

この種の行動は、先ほどまでの対処行動と同列に並べることはできないほどより深刻なものである。精神病的反応とはまさにこのような状態ではなかろうかと推測されるのである。

以上、二歳台になって顕在化する多様な対処行動を見てきたが、三歳台以降になると、それはより一層複雑になるとともに、子ども自身が母親や第三者の前で「アンビヴァレンス」それ自体を容易には表に出さなくなる。その意味でも生後三年間を中心に母子関係の様相を観察した今回の結果は、これまでＡＳＤの症状や障碍と記述されてきたものの成り立ちを考える上で大きな示唆をわれわれに与えてくれる。

二　「関係」からみたアンビヴァレンス、「個」からみたアンビヴァレンス

以上、自閉症スペクトラムを対象としたＭＩＵでの研究から明らかになった乳幼児期早期における母子関係の様相について解説したが、そこで認められる子どもの母親に対する独特な関係の取り方を「甘え」のアンビヴァレンスと称したことに対して、滝川一廣氏が拙著『関係からみた発達障碍』（小林、二〇一〇）の書評の中でつぎのような疑問を投げかけている（滝川、二〇一二）。

ブロイラーやフロイトのアンビヴァレンスは、同じ対象に対して同時に相反した感情や意志や認識が生じるという個体の内的な心理機制を指す概念である。しかし、筆者がここで使う「アンビヴァレンス」は、それとはちがう。相手との関係を求めて近づきたい欲求はありながら、いざ近づこうとしたり相手が近づいてくると関係への欲求が満たされる前に不安や緊張の方が高まって欲求の充足が阻まれるという独特な「関係」のあり方を指す概念と思われる。

筆者は滝川氏のこの指摘を受けたことによって、逆に筆者自身の研究の独自性に改めて気づくことができた（小林、二〇一二）。これまで精神分析を初めとした精神医学の世界において、多くの場合、人間のこころの理解に関する学問的成果は「個」に焦点を当てることによって蓄積されてきた。それは客観性を重視する立場からみれば、必然的な結果であったといえるかもしれない。しかし、よくよく考えてみればわかるように、人間は最初から「個」として存在しているわけではない。「ヒト」は生まれてしばらくの間は「個」として存在しているのではなく、〈母－子〉関係という一組のユニットとして初めて存在しうるものである。「ヒト」が「人」になっていく過程そのものにこそ、人間のさまざまなこころの誕生の秘密が隠されているともいうことができる。そのように考えていけば、筆者がＭＩＵで捉えた母子関係の姿は、「個」の内面に捉えることのできる心理機制としてのアンビヴァレンスがそもそも「関係」の中でどのようにして生成するものかを、われわれに教えてくれているのではないか。このように考えていくと、乳幼児期の母子関係のありようから捉えたアンビヴァレンス（と筆者が称したもの）は、従来指摘されてきた心理機制としてのアンビヴァレンスの萌芽的状態を示すと言ってもよいのではないかと思われるのである。

そこで筆者は両者の異同を明確にする上で、従来の心理機制としてのアンビヴァレンスを「『個』からみたアンビヴァレンス」とし、筆者の提唱するアンビヴァレンスを「『関係』からみたアンビヴァレンス」として区別することにした。ただし、子どもの内面に焦点を当てた場合、そこに子どものアンビヴァレントな心理を推定することは可能であり、その後の成長発達過程で子どもたちのアンビヴァレンスの存在はより明確になっていくことから、本書では特に両者を厳密に使い分けることはしない。

三　母子間の関係病理としての「あまのじゃく」

1　乳幼児期早期におけるアンビヴァレンスとそのゲシュタルト

先の滝川氏の指摘を受けて筆者は、関係病理として捉えた独特な母子関係の様相をアンビヴァレンスの原初段階と考えれば、この具体的な関係病理こそ重要な鍵となるとの思いを強く抱くようになった。そしてさらにはここで示されている、

母親が直接関わろうとすると子どもは回避的になるが、いざ母親がいなくなると心細い反応を示す。しかし、母親と再会する段になると再び回避的反応を示す

という母子双方のこころの動きのゲシュタルトを捉えると、この反応がわれわれ日本人にとっては**「あまのじゃく」**と称される子ども（に限らず人）の姿を彷彿とさせるものだということに筆者は気づいた。そこでこの独特な関係病理を「あまのじゃく」として捉えることができるのではないかと考えたのである。

2 「あまのじゃく（天の邪鬼）」について

「あまのじゃく」は、『新編大言海』（大槻、一九八二）によれば次のように解説されている。

あまのじゃく（天邪久）：（天探女《アマノザクメ》ノ轉ナルベシト云フ、ソレハ、心ノネヂケタル、神代ノ女神ノ名ナリ、サレバ、今俗ノ此語、元ハ女ニ云ヒシモノカ、サルニテモ、神代トハ、餘リニ時代懸隔セルヤウニモ思ハル。）心ノ拗《ネヂ》ケタル者ヲ呼ブ語。他人ノ言行ニ悖《サカラ》ヒテ、故意ニ、彼レ、右ト言ヘバ、我レハ、左ト云ヒ、彼レ、左ニスレバ、我レ、右ニスルヤウナルニ云フ。（男、女、トモニ呼ブ）。（八五頁）

「あまのじゃく」は「心ノ拗ケタル者」を意味することが明記されている。「拗ケル」は「拗《す》ねる」と通じることから、「あまのじゃく」は屈折した「甘え」の一表現であることがわかる。

さらにその語源については『語源海』（杉本、二〇〇五）に詳しい解説がなされている。

あまのじゃく（天邪鬼・天探女）：〈あまのじゃき〉とも。わざと人の言行にさからう人、またそのような行為。また、〈二王〉の踏みつけている小悪鬼や毘沙門天が踏みつけている女のことをさす。

アマノザコ、アマノジャコとも。『古事記』〈葦原中国平定〉にでてくる〈天佐具売《アマノサグメ》（天探女）〉に由来するという。すなわち、出雲平定の天命にそむいた天若日子《アメワカヒコ》を詰問するため、高天原《たかまがはら》から遣した雉《きじ》（鳴女）を天若日子に射殺させた邪心をもつ女神。天若日子の婢として登場、天の岩船に乗って天降り、主人のため、密告や探偵の業をした。その心ねじけ、人の心の内を探り出す力をもち、自由に己れの思うままに人を操《あやつ》ることができるという。このアマノサグメの流れをひく邪神の一種がアマノジャク。また、毘沙門天の像が踏みつけている女ともいう。おそらく伝承の間、他の要素が混入、日本的なアマノサグメに、仏教的なものとが関係しあってつくられた像がアマノジャクであろう。さらに、〈あまのじゃこ、あまんじゃこ、おんばむし〉など、虫まで登場してくる（嬉遊笑覧）。呼称もアマノサグメ、アマノザコ、アマノジャコなど。そして内容的に近代語として成立したアマノザコ（ジャク）は一六～一七世紀のころと思われる（五五－五六頁）。

「あまのじゃく」は、邪心をもつ女神というマイナスのイメージとともに、「人の心の内を探り出す力をもち、自由に己の思うままに人を操ることができる」という特殊な才能をもつ存在とも考えられている。今日われわれ日本人が昔話の中ですぐに思い出すのは瓜子姫に登場する「あまのじゃく」であろう。ただ瓜子姫の昔話そのものも地方によりその内容も随分と異なり、幸せになった話と、それとはまったくちがった結末のお話があるなど、謎だらけだという（網野・大西・佐竹、一九八九、二四七頁）。その中でなじみ深いものの概略は以下のような内容である。

天の探女《ざくめ》が瓜姫をだまして、なりかわり、国司の姫君になろうとしたところを、侍たちが姫になりかわった天の探女を輿に乗せて送り届ける道中で木にしばりつけられていた瓜姫を発見。天の探女は捕らえられて殺される。（二四〇－二四六頁の概要）

民俗学者である柳田国男（一九六二）は「瓜子織姫」の中で、アマノジャクは「ぶち壊しの所業、邪悪」の意として用いられていることを挙げ、その特徴として、「関係が成立しない。相手なしには何事も企てられないこと。常に相手の顔色を伺って行動せざるをえないが、その一方で相手を困らせることで自分に関心を引き寄せようとする」と解説している。まさに「甘えたくても甘えられない」子どもたちが対処行動のひとつとして母親に対して振る舞う「挑発行動」そのものである。

3　精神療法におけるトリックスターとしての役割

「あまのじゃく」と「トリックスター」

これまでみてきたように、「あまのじゃく」は「意地悪でつむじ曲りで、好んで逆らう反抗者」とされ、誰からも嫌われる邪悪な存在とみなされることが多いが、神話の研究者である松村武雄（一九五五）は、「あまのじゃく」は嫌われ者と見なされている一方で「『トリックスター』の一種として」（四四七頁）肯定的な一面もあることを指摘している。ここのところが臨床家としての筆者には実に興味深い。なぜかといえば、トリックスターは「人を騙す人。奇術師。手品師。人をかつぐいたずら好きな人」（現代用語の基礎知識２０１２年版、自由国民社、一三七七頁）と一般に考えられているが、心理療法（精神療法と同義）の治療空間においてクライエントまたは治療者の「トリックスター」としての働きに河合隼雄が着目していたからである。

河合は『影の現象学』（一九八七）で次のように指摘している。

このような開示を可能にする心理療法における、治療者とクライエントの関係、あるいはセラピールームという空間は、そこになんらかのトリックスターの介入を必要とするものである。そのような意味で心理療法が行われるセラピールームは、トリックスターの自由な動きを可能にする開放性をもたねばならない。

中世におけるトリックスターの最高の活躍の場、カーニバルの祝祭空間のあり方を、山口昌男がみごとに解明しているが、それが現代のセラピールームの特性とあまりにも類似しているのに驚かされるのである。(二二一－二二二頁)

さらに『心理療法序説』(河合、一九九二)では、

トリックスターとはもともと神話や昔話などで活躍する者で、変幻自在で神出鬼没、何をやり出すかわからないのである。最低のときは単なるいたずら者で、いたずらが露呈して殺されてしまったりするが、トリックスターの思いがけない活躍によって、今まで無縁と思われていたものが関係づけられたり、真実が明らかになったりする。確かにそれは旧秩序の破壊者であるが、それが新秩序の建設に結びついてくると、英雄として祭り上げられることにもなるし、ユングの言うように、「救世主の像としての近似」さえ認められる。(二二八－二二九頁)

とも述べている。つまり、クライエントの無意識の世界が治療者との面接の中で自由に動き回るゆえに、それが治療の大きな転機ともなれば、逆に治療を破壊する方向に働くこともあるとの指摘である。ここで河合

は、「トリックスター」としての役割を演じるのはセラピストであることもあれば、クライアントであることもあると論じているが、それは〈患者‐治療者〉関係において立ち現れたものだということができよう。

ただ残念なことに、河合はなぜ面接の中でクライエントと治療者とのあいだに「トリックスター」が立ち現れるのか、さらにはそこで展開する動きにはどのような特徴があるかについては言及していない。

「あまのじゃく」と「隠れん坊」

「あまのじゃく」が屈折した「甘え」であることを考えると、「甘え」理論の土居健郎がこのことに気づかないはずはないと思われるのだが、彼の著作に「あまのじゃく」を正面から取り上げているものはない。このことについて小倉清氏に尋ねたところ（小倉、二〇一四）、土居は「あまのじゃく」ということばを用いたことはあると記憶しているというが、著作の中ではなぜか取り上げられている箇所を筆者は見出せない。ただ、土居（一九九七）は自分で非常に気に入っている論文として「隠れん坊としての精神療法」を挙げ、そこで精神療法の本質を「隠れん坊」という遊びに喩えて次のように述べている。

精神療法の本質が隠れん坊だと私が言う意味は、この際患者は自分の病気の秘密を探し出すように治療者に仕向けられるからである。患者は言うなれば途方に暮れた鬼であって、それで治療者が助けに来たというわけである。しかし病気の秘密はもともと患者自身の中に隠れているのであるから、精神療法の隠れん坊は患者自身の心の中で行われると言うことができる。であればこそむつかしいので、治療者の助けが必要となる。時にはあたかも治療者が鬼で患者は治療者の眼を逃れようとしているように見える場合もあ

ろう。あるいは患者の方が鬼になって治療者の秘密を探ろうとするように見えることもあろう。（九五頁）

患者自身の心の中にある秘密を自分で探し出さねばならないが、それは一人では困難であるゆえ治療者の助けが必要であると述べつつも、ここで特に問題として取り上げなければならないのは、「患者の方が鬼になって治療者の秘密を探ろうとするように見えることもある」との指摘である。それは、患者の秘密を解き明かすには、治療者自身の秘密をも解き明かす必要性に迫られるとの主張とも筆者には読み取れるからである。

土居は晩年次のように述べている（土居、二〇〇九）。

〔集団療法の中で患者のアンビヴァレンスはどのようなかたちで捉えることができるかについて語る中で〕この甘えとアンビヴァレンスとは実は背中合わせなのである。（中略）それはしばしば非常に微妙な、それこそ言語化されないような、声の抑揚、身振り手振りといったような所作であることが多い。ただ、このような微妙な手掛かりを捉えるためには、治療者自身、十分「甘え」の心理に習熟していなければならないだろう。なによりも自分の甘えがわかっていなければならない。言い換えれば自分のアンビヴァレンスが見えていなければならない。そしてそれこそ最も困難なことであるといわなければならないのである。（二六－二七頁）

つまり土居は、患者のアンビヴァレンスという秘密を解き明かすためには治療者自らのアンビヴァレンスに気づいていなければならないとし、患者の秘密のみでなく治療者自らの秘密をも解き明かす覚悟が精神療法には必要だと述べているのはまさにそのことを指していると思われるのである。

以上のようにみてくると、「あまのじゃく」としての患者のこころの動きは、面接の中で治療者を前にしてまさに「隠れん坊」の如き動きを見せて、自分の本性（つまりはアンビヴァレンス）を隠そうとしている姿を示しているといえるのではないか。

その意味からすれば、土居が精神療法を隠れん坊というメタファを用いて表現したことは非常に意味深長なことであって、彼がこの論文を気に入っていた理由も筆者にはわかる気がするのである。

4　関係病理としての「あまのじゃく」

「あまのじゃく」は「他人ノ言行ニ悖《サカラ》ヒテ、故意ニ、彼レ、右ト言ヘバ、我レハ、左ト云ヒ、彼レ、左ニスレバ、我レ、右ニスルヤウナルニ云フ。（男、女、トモニ呼ブ）」ように、他人の言動に逆らって同調しようとしないという独特な対人反応パターンを示すところに最大の特徴がある。

河合が「トリックスター」としての役割が心理療法において重要な役割を果たすことをのべ、土居は精神療法の核心を「隠れん坊」と称したことは、筆者の「あまのじゃく」と深く通底するものがある。それは精神療法における患者の秘密が治療者との関係においてどのようなかたちで姿を見せるのかを河合と土居は各々独自に表現したものということができるからである。そのように考えると、筆者の指摘する「あまのじゃく」は〈患者 - 治療者〉関係の独特な関わり合いをより明確に示したものだということができる。

そしてそれが可能になったのは、乳幼児期早期段階で具体的に実際の母子関係の中での子どもの動きとして客観的に捉えることができたからである。

「はじめに」で述べたように、土居は「日本人のこころについて日本語で論じなければ本当に分かったことにならない」という強い信念のもと、日常語で日本人のこころの病理を理解しようと試みた。

筆者は「あまのじゃく」という日常語を用いて関係病理を理解することによって、筆者自身の理解が深まったのみならず、そのことによって患者ないし患者家族（子どもの親）との共通理解が一段と深まることを実感した。

その意味で〈患者－治療者〉関係の特徴を「あまのじゃく」として捉えることによって、土居が「隠れん坊」と称した精神療法の核心を、より一層明瞭なかたちで捉えることを可能にしてくれるのではないかと期待されるのである。

5　「あまのじゃく」の類語について

「あまのじゃく」とほぼ同様の意味で用いられている日本語は他にもいくつかある。それらを以下列挙してみよう。いずれも語釈は広辞苑第四版（一九八六）に依る。

①「へそ曲がり（臍曲）」性質がひねくれていて素直でないこと。また、そういう人。つむじまがり。偏屈。
②「つむじ曲がり（旋毛曲）」（つむじの位置がずれている意）性質がねじけていること。また、そういう人。
③「無い物ねだり」そこにないものを無理を言ってほしがること。

いずれもひねくれた性格を表現することばであることがわかるが、こうしてみると「あまのじゃく」という表現は、対人関係の病理の特徴を示すものとして最も的を射たものだと思われるのである。

筆者の自験例においても精神療法の中で患者あるいはその家族（母親）にこれら類似のことばを用いて表現（解釈）すると、多くの場合、腑に落ちるようにして、自らの過去の記憶を想起し、過去と現在の自分の連続性に気づくことができるようになる。その意味で、幼少期の対人関係のパターンが今なお息づいていることを示し、自らの主体性を取り戻す契機となっていることに気づかされるのである。

四　乳幼児期の関係病理はその後どのような経過をとるか

これまで乳幼児期の母子関係の観察から得られた関係病理を検討してきたが、この時期の子どもたちが母親とのあいだで経験するアンビヴァレンスへの対処として、各自独特の反応をすることが明らかとなった。ではその後の成長発達過程で、彼らがこの時期に経験したアンビヴァレンスとその対処行動はどのように変容していくのであろうか。すなわち、学童期以降成人期に至る過程で出現する多様な精神障碍ないし精神病理は、乳幼児期の独特な対処行動とどのような関連性があるのであろうか。このことを明らかにすることが、今後の精神障碍の発症予防を考える上でも極めて重要な課題である。

筆者の先の研究（小林、二〇一四ａ、二〇一四ｂ）は、乳幼児期の母子関係の観察に重点を置きつつも（小林、二〇一四a)、その後の発達障碍の生涯発達過程についてもアンビヴァレンスを軸におよその輪郭を描いた(小林、二〇一四b)。

その概略は以下の通りである。

①典型的な発達障碍とみなされる病態：乳幼児期のアンビヴァレンスの対処行動として、主に対人回避的行動を示す子どもたちの多くは、「常同反復的行動」「繰り返し行動」「こだわり行動」「落ち着きのなさ」などをとりやすい。このような場合、幼児期には何らかの発達障碍(ASD)と診断されることになる。典型的な発達障碍とみなされる子どもたちにみられる発達過程である。

②行動障碍：発達障碍の中でも「挑発行動」が顕著になる例は、母子関係に深刻な悪循環を生むことが多いため、発達障碍の中でも特に行動障碍へと発展しやすいことが危惧される。

③精神病(統合失調症)：ASDの中には思春期以降に精神病状態を呈する事例はこれまでにも多数報告されているが、筆者が先の研究で得た知見の中でとりわけ重要だと思うのは、二歳台ですでに精神病状態の萌芽を思わせる事態が生まれていることである。それは何かというと、アンビヴァレンスによる不安への明確な対処行動をとることができず、不安と恐怖に圧倒されるという事態が生じている事実である。このような状態はカタトニア[*16]といえるほどの病態で、極めて深刻な病態がすでにこの時期に確認されたことである。

さらにはアンビヴァレンスの対処行動として、母親の意向に沿う行動をとる子どもたちがいるが、彼ら

＊16　九八頁参照。

は自分を殺して相手の意向に翻弄されている。ここにも近い将来の深刻な自我障碍を推測させるものがある。なぜなら、そこでは自分の意思にもとづいて行動するという主体性が育まれないからである。その究極の病態が、何らかの力によって自分が動かされているという、統合失調症に特有な自我障碍としてよく知られる「させられ体験（作為体験）」である。ここに筆者は精神病の起源を見る思いがするのである。

④心身症・神経症：最後に取り上げるのがアンビヴァレンスの対処行動として少なからず認められた「いい子になる」行動である。これは幼児期の対処行動としてはもっとも適応的とみなされるもので、親からみれば育てやすい子どもに映ることが多く、幼児期には発達障碍として扱われることも少ない。しかし、自分の欲求（甘えに限らず、多くの本能欲求さえも）を抑えて母親の意向に沿うことになるため、近い将来何らかの精神的破綻が危惧される。幼児期に発達障碍と診断された子どもたちに学童期以降、心身症、神経症の発症を認めることが少なくないのは、このような乳幼児期に生まれる対処行動が彼らの心理的防衛機制となって社会への適応パターンとなっていくからである。このことはけっして幼児期に発達障碍と診断される子どもに限った話ではなく、すべての子どもに関わる問題である。これに該当するのが、本書の主題である神経症圏の事例である。

次章では筆者が神経症圏内の学童期以降の事例に対する精神療法においてアンビヴァレンスがどのようなかたちで立ち上がり、それを「あまのじゃく」という関係病理として捉えることが治療的にどのような意義を持っているかを検討することにしよう。

文献

網野善彦・大西廣・佐竹昭広編（一九八九）『いまは昔むかしは今　１．瓜と龍蛇』福音館書店、二四〇－二四六頁．

土居健郎（一九五八）「神経質の精神病理――特に『とらわれ』の精神力学について」『精神神経学雑誌』六〇、七三三－七四四頁／土居健郎（一九九四）『日常語の精神医学』医学書院、九－三九頁所収．

土居健郎（一九九七）『「甘え」理論と精神分析療法』金剛出版．

土居健郎（二〇〇九）『臨床精神医学の方法』岩崎学術出版社．

河合隼雄（一九八七）『影の現象学』講談社．

河合隼雄（一九九二）『心理療法序説』岩波書店．

小林隆児（二〇一二）「拙著『関係からみた発達障碍』に対する滝川氏の書評を読んで」『児童青年精神医学とその近接領域』五三、六四九－六五一頁．

小林隆児（二〇一四ａ）『「関係」からみる乳幼児期の自閉症スペクトラム』ミネルヴァ書房．

小林隆児（二〇一四ｂ）『甘えたくても甘えられない』河出書房新社．

松村武雄（一九五五）『日本神話の研究　第三巻』、培風館．

新村出編（一九八六）『広辞苑〔第四版〕』岩波書店．

大槻文彦（一九八二）『新編大言海』冨山房．

小倉清（二〇一四）私信．

杉本つとむ（二〇〇五）『語源海』東京書籍．

滝川一廣（二〇一二）「書評　小林隆児著『関係からみた発達障碍』」『児童青年精神医学とその近接領域』五三、七一－七三頁．

柳田国男（一九六二）「瓜子織姫」『定本柳田国男集　第八巻』、筑摩書房、七五－一一二頁．

Ⅳ

「あまのじゃく」と精神療法

——神経症圏に焦点を当てて

一　ライフ・ステージからみたアンビヴァレンスの現われ

ここで検討するのは、先に述べた乳児期に認められるアンビヴァレンスとそのゲシュタルトとしての「あまのじゃく」が、その後のライフ・ステージにおいて、どのような形に変容していくのか、その実態を捉えるとともに、アンビヴァレンスを治療的にどのように扱うかということである。対象事例の診断は神経症圏（非精神病圏）とし、年齢も学童期以後に限定している。ここで精神病圏および発達障碍圏を加えなかったのは、ひとつには精神病圏におけるアンビヴァレンスが神経症圏とは比較にならないほどに強いこと、さらに発達障碍では「発達」という視点からさらに広範な検討を要し、別途に新たな稿を起こす必要があると考えたからである。

1　学童期

●事例1　E子　八歳、小学三年

［主訴］　泣きわめいて「脳細胞が壊れてしまうみたい」と訴える。

［臨床診断］　不安性障碍（F41.0）[*17]

［事例の概要］　E子はもともとしっかりした子だったが、夏休みに親戚に祖母と兄の三人で出かけたところ、

親戚の家で眠れずに泣きわめいたりして大騒ぎになり、E子は「脳細胞が壊れてしまうみたい」と訴えるまでになったので心配になったというのが、母親の相談内容であった。母親が心配そうに話しているそばで、E子は母親の顔を眺めながら、特別不安そうな表情を浮かべるわけではないが、母親の話を真剣なまなざしを向けながら聞き、さかんに頷いているのが筆者には気になった。自分からは特に訴える様子は見せなかった。

E子は見るからに利口そうな印象で、母親の話でも、神経質でおませな子であるという。周囲の人々に配慮的でとても気をつかい子どもらしからぬふうだという。学校でも家庭でもなにか新しい行事や計画があると気になり始め、事前にひとつひとつスケジュールや段取りを母親や周囲の人々に確認しないと安心できないという強迫的な一面があることもわかった。

筆者が特に驚かされたのは次のエピソードであった。二、三歳のころ、母親がこの子を昼寝させようと思って、あやしてやろうとすると、「お母さん、いいよ。自分でするから」と言って遠慮する気づかいをしたのを母親は鮮明に覚えていて、さすがにその時はびっくりしたというのだった。

最近の様子を尋ねると、昨年の冬、転居のため同じ市内の小学校に転校してからいまだ学校になじめずにいて緊張状態が続いていることもわかった。

＊17　ICD-10（World Health Organization, 1992）の診断分類による臨床診断名を付記しているが、筆者はすべての事例を「関係障碍」の視点から捉えることによって、初めて「アンビヴァレンス」を捉えることが容易になったことを述べておこう。

［初回面接］ 診察してみると、筋緊張が高く、こちらの意図を素早く察知して振る舞う様子が痛々しく感じられ、彼女の肩をさすってやると気持ちよさそうに反応していた。

［精神療法過程］ 筋緊張を和らげるために、臨床心理士に依頼して自律訓練の指導を数回してもらった。その時には子どもよりも母親の方がいたく気乗りし、積極的に治療に取り組んでいるのがとても印象的であったと担当の臨床心理士が語っていた。

母親はいつもこんな調子でつい自分中心に行動し、子どものペースになかなか合わせることができないのであろうと推測された。しかし、母親はそのことを特に気にかけている様子でもなく、筆者が指摘しても悪びれる様子は見られなかった。ただ母親はこちらの指摘を素直に自分の問題として受け止められる人であった。

恐らく母親自身も自分の態度に自信がなく心細かったのであろうか。数回の面接を重ねるうちに、母親の方から自分の感じることを積極的に話し始め、自分の問題として受け止められるようになってきた。自分も神経質で細かいことを気にし、家事でも一旦やり始めると最後までやらないと気が済まず、「いつも大掃除になってしまう」というのだった。几帳面すぎる性格で自分でも問題があると感じていて、夫からもその点を指摘され、少し要領よくやれと言われることも少なくないらしい。E子が家事に没頭している母親に「お母さん」と声をかけても、母親から聞き返されると、「いや、先にお母さん（仕事を）やって」と気づかい、自分の気持ちはすぐに引っ込めてしまっていたことを母親は思い出した。さらには、E子に対しては乳児期抱き癖がつくといけないからと、早い時期から努めて抱かないようにしていたということにも母親は気づくようになった。

面接で特別の治療的工夫をするまでもなく、ごくごく自然な流れで母親は自ら娘との関係について振り返ることができるようになっていった。そしてしだいに娘の気持ちがわかり始めている様子であった。そこで、筆者は夜はだれにとっても一番心細い時だから母親が添い寝をしてやるようにと簡単な助言をしておいた。すると、一週間後には今まで「お兄ちゃんばっかり」といつも不平を言っていたのに、まったくそれを言わなくなったと母親は安心しきった様子で、これからもそうしてやりたいと語るまでになった。それを聞いたのち、筆者はもうそれなら大丈夫でしょうと太鼓判を押し、治療は終結した。

［まとめ］ この事例は筆者がまだ「関係発達臨床」ということを主張していない時期の母子治療例である。ここでは発表した当時のままに示しているので（「甘えられない子とその親の心理」『児童心理』四七、一六一一―一六一五頁、一九九三）、殊更アンビヴァレンスを明確な形では取り上げていないが、記述内容を読み返すと、子どもの母親に向ける「甘え」がいかにアンビヴァレントな状態にあったかが明確に浮かび上がってくる。その最たるものは、母親の鮮烈な記憶にもあったように、子どもが自分をあやしてくれそうにしている母親に向かって、「お母さん、いいよ。自分でするから」と言って遠慮した、母親に対する過剰なほどの気づかいである。子どもはこのように甘えることを抑えて生きてきたのであろうが、これまで甘えを抑えることはできたとしても、甘えたいという欲求はなくならない。すると、甘えの対象である母親が自分に対してどう振舞っているかを常に気にかけることになる。そのことによって、子どもは母親への依存ができないにもかかわらず、母親の存在は気になって頭から離れないようになる。そのような母子関係を土居は「変態的な依頼関係」（土居、一九五八、七四一頁）と称しているが、そのようなアンビヴァレンスのために、この子は「脳細胞が壊れてしまいそう」なほどの不安な状態に追い込まれていったと考えることができるのである。

●事例2　F男　九歳五カ月、小学四年

［主訴］（母親の訴え）子どもが学校に行きたがらない。

［臨床診断］　反抗挑戦性障碍（F91.3）

［事例の概要］　両親共働きだが、父親は単身赴任で月に数回自宅に帰っている。一人っ子。母子同伴の受診である。周産期、特に異常はなく、乳幼児期の身体運動発達も正常だった。ただ幼児期からひとりではしゃぐことが多く、やんちゃな子どもで、親の言うことを聞かず、落ち着きもなかった。しかし、幼稚園時代は特に大きな問題もなく過ごした。

公立の小学校入学後、低学年までは特に目立って問題になることはなかったが、母親はぜひとも私立の学校に行かせたくて、早くから塾に通わせ厳しく指導していた。母子間で勉強をめぐる言い争いは珍しくなかった。

小学三年の時、一年の時と同じ先生が担任になった。その先生はその前の年、病気になって休職し、復職したばかりだったが、病気の後遺症のためか、生徒に暴言を吐くということで、学校の父母の間でも評判になっていた。F男に対して担任は今の状態なら私立中学校には行けないと冷たく言い放つほどだった。そんなことがきっかけで、F男は周囲に当たり散らすようになり、学校の勉強も塾の勉強もやる気を失った。

四年生になると、一学期に友達とのトラブルがきっかけで、学校に行きたがらなくなった。登校や勉強をめぐって、ついに母親とも激しい口論になり、暴れるほどの大騒ぎとなった。数日前、親子で言い争っていたら、F男は衝動的に高層マンションのベランダから飛び降りそうになった。F男は口では塾には行きたい、私立中学校にも行きたいと言うが、勉強意欲は低下し、学校にも行かなくなった。

［初回面接時のアンビヴァレンスの現われ］　F男は筆者に対して馴れ馴れしい態度で、初対面にもかかわらずよくしゃべるが、どこかふざけた感じである。理知的な母親ではあったが、子どもに関する語りにはどこか冷めていて突き放すような感じを受け、F男の気持ちに思いが至らない様子であった。筆者は母親に対して、気さくな雰囲気で話しかけるように努めたが、母親は何かにつけて即座に反論めいた口調で自分の理屈を語ろうとした。相手に対する警戒的な構えが目立ち、筆者のことば尻を捉えて何かと反抗的な態度を取っていた。F男は利発的に見えたが、母親が話す前に、子どもに受診理由を尋ねると、すぐに母親の方に向かって「聞いて！」と反応し、自分からは話そうとしない。しかし、筆者が母親と話そうとすると、すぐに自分からその間に割って入ろうとする。母親の身体に触れてそばから離れようとしない。一見、なんでも平気そうな態度をとっているが、その仕草からは心細い思いが感じられた。筆者は母親にそのことを取り上げたが、母親には子どものそのような気持ちを受け止めようとする態度はみられなかった。

［まとめ］　F男は筆者の語りかけには即座に拒絶的な反応を示して、関わることを回避して母親に助けを求めているが、いざ筆者がF男を無視するようにして母親に語りかけると、途端に二人の間に割って入る。直接関わり合おうとすると、回避的反応を示しているが、相手にされないと、心細くなって相手を求めているのだ。「あまのじゃく」といえる対人反応をここにみてとることができるが、ここで注目したいのは、F男の対人反応の特徴が、母子と治療者の三者の間で起こっていることである。

　乳児期の子どもにみられるアンビヴァレンスは母子関係のありようとして抽出したものだが、ここで取り上げた三者関係の中で浮かび上がったアンビヴァレンスは、それとは異なっている。その違いをどのように考えたらよいだろうか。

F男が筆者と向き合うことを回避していることは、子どもの年齢を考えれば当然起こり得ることなのだが、このような時、多くの子どもは母親に頼って助けを求めるものである。しかし、F男の場合は母親に頼ることができないために、母親と治療者の間に割って入ろうとしているのだ。ここにかなり屈折した「甘え」の行動を見て取ることが必要になる。母親に頼りたいのに頼れない、そんなF男の思いをここに感じ取ることができるのである。

［**その後の治療経過について**］　筆者はその場で母親に子どものアンビヴァレンスを取り上げてみたが、この時の母親には子どもを自分との関係の中で見ていこうとするこころのゆとりはなく、抗不安薬の処方のみを強く希望した。その後一回のみの受診で治療は中断した。

2　前思春期

●事例3　G子　一〇歳六カ月、小学五年

［**主訴**］　学校に行きたいけれど行けない。行こうとするとお腹が痛くなる。

［**臨床診断**］　心的外傷後ストレス障碍（PTSD）（F43.1）

［**事例の概要**］　家族構成は、両親、兄、G子の四人家族。両親の祖父母はともに近くに住んでいる。父親は会社員、母親はパート勤務。母親同伴での受診である。

もともと大人しく、気の優しい、まじめな子どもであった。自分を主張することは少ないが、友達の話をよく聞くため、みんなから慕われていた。大柄で豊満な体型で、初潮は半年前に迎えるなど、身体面では早熟であったが、それに比して精神面では幼さがいまだ抜けないという心身のアンバランスを感じさせた。

今回の不登校の契機となった事件があった。

小学校四年生の時、自宅で友達とパーティをするために、友人数名と帰宅途上での出来事であった。向こうから中学生の男子が自転車に乗ってこちらに向かってきた。すれ違い様に突然その男子がG子の胸を鷲掴みにし、さらに一緒に歩いていた女友達の胸も触って、さっと逃げていった。振り返ると、その男子はこちらを見て、にやっと笑っていた。あまりに突然のことで気が動転していたが、自宅に帰って母親に「今、痴漢に遭った」と言いだした。母親も大変だったねと言って相手をしたが、G子も「びっくりして声も出なかった」と話す程度で、その時はさほどの混乱を示すこともなく、その日のパーティは開かれ、みんなで表向きは楽しんで過ごした。しかし、その後数日経つと、じわじわとその時の恐怖が蘇ってきて不安になった。男の人に会うのも怖くなった。不安になると母親に激しく当たり散らすようになった。「お母さんを殺して私も死ぬ！」とまで言うようになった。手首自傷もやろうとした。そして不登校になり、当院に受診となった。

「初期面接時のアンビヴァレンスの現われ」 元来、大人しく気の優しい子どもで、みんなからいつもとてもいい子だと言われてきた。性格もまじめで、自己主張はあまりしない子どもだった。今回の事件があってから、母親に「お母さんを殺して私も死ぬ！」というほどに、自分の苦しみを強く訴えるようになったが、そう言ったかと思うとすぐに、前言をひるがえして、母親にさかんに謝るというのである。自分の中に起こったどうしてよいかわからない不安な思いを、母親に思い切り出せない、あるいは出してもすぐにそれを引っ込めてしまうところに、G子の母親に対する複雑な思いを感じさせた。身体面の早熟さとは対照的に、表情や仕草、物言いなどすべてにわたって、とても幼い印象を受け、身体面と精神面のアンバランスが顕著であるのが特徴的であった。

面接ではこちらの質問にG子は答えることができない。母親の側から離れず、何か聞かれるとすぐに母親の方を見て代わりに答えてくれるように促す仕草を繰り返すだけであった。抗うつ剤と抗不安剤を少量処方し、週一回三〇分程度の母親同席面接を行うことを提案したところ、素直に受け入れた。

［**精神療法過程**］

（**第2回**）　登校できず、ずっと自宅で過ごしている。悪夢が数日続いたが、少しは減ってきた。しかし、母親がG子に声をかけただけで、いらいらする反応は続いていた。

今回の事件があってから、なぜか母親はG子に「正直に言わなければ駄目よ」とさかんに諭すようになった。心の中にあるものをすべて吐き出さないといけないのではとの思いからそうなってしまうというのである。母親にはこの子がなぜ不登校になったのか、どうしても理解できないらしい。怠け病だとも思って、学校に行くようにプレッシャーをかけていた。娘が学校に行かないことで母親の方もひどくいらいらしてしまい、兄に当たってしまうほどだという。

その一方では、この子がこんなふうになったのも自分のせいかと思う。これまで厳しく育ててきたから、この子にはそれが重荷だったのではないか。これまで素直でとてもいい子だった。何を言わなくても自分でなんでもできていた。駄々をこねたり、物をせびることなどまったくなかったと振り返るのだった。

このように母親は今回の事件の後の娘とのやりとりについて率直に語るのであるが、その中で、娘の気持ちがわからないだけでなく、冷静に対処できない自分に対しても困惑していることが浮かび上がってきた。母親がこんな話をしている間、G子はいらいらするのか、椅子に座っていても、身体を動かし続けて、椅子をせわしく回転していた。

「いままでお母さんべったりだったから、ひとり離れて考えることも必要かなと思って、入院したい。今の生活を考えると、何も変わらないような気がするから」と、落ち着いている時にG子は母親にそんな希望を言うようになった。しかし、そばに母親がいないと心細く、一対一で話を聞こうとしたら、母親にしがみついて離れようとしない。すぐにそんな希望を引っ込めるのだった。G子の母親に対するアンビヴァレントな思いが強いことがうかがわれた。仕草を見ていると、明らかに母親への甘えが強まっているが、それに対する強いためらいも働いていることがうかがわれた。

面接が終わった後、待合室のソファに母子ふたり並んで座っていたが、G子はまるでじゃれつく猫のように、自分の頬に母親の手を持っていき、すべすべしてもらって、気持ち良さそうにしていた。不自然な甘え方ではあったが、このようにしてG子も母親に甘えが出せるようにはなっていた。

〈第3回～第4回〉 相変わらずイライラが高じては、薬を全部飲もうとしたり、母親の言い方が気に入らないと、すぐに食ってかかり、「うるさいな!」、「もう死んでやる!」とまで言うが、その一方自宅では、風呂に入る時も、着替える時も、歯を磨く時も、すべて母親の介助が必要な状態で、自分からはまったく何もやろうとはしなくなった。入浴では全身を母親に洗ってもらうほどだという。このように、母親への激しい反発を示す一方で、身辺の世話は全面的に母親に頼るようになった。ここに母親に対する反発と甘えが両極端なかたちで同居しているというアンビヴァレンスが非常に強まっていることが見て取れた。

入院して親から離れたいと言ったかと思うとすぐに嫌だと言うなど、何につけても自分の気持ちが定まらない状態である。

こんなG子の様子を、母親も少しずつ冷静に受け止められるようになり、「これまでとてもいい子で、なんでも簡単に受け入れてきたから」と話すまでになった。私も母親には、これまで母親を困らせることもほとんどなかったのであろうから、今のように母親を困らせることも大切でしょうと助言した。

(第5回) 学校に行ってみたい気もするとは言いだしたが、やはり心細い気持が強く、いつも母親のそばにいたがる。時折、ひとりでめそめそと泣いていることもあるらしい。面接場面でも、全体的にいまだ子どもっぽさが目立つ。うじうじした態度で、いかにも甘えたい気持ちが強いことを感じさせる。睡眠と食欲は良好になってきた。

母親からG子の乳幼児期の様子について詳しく聞いたところ、つぎのような深刻な話が明らかになった。母親はG子を妊娠中、甲状腺の悪性腫瘍が発見されたため、出産後まもなく手術をしたが、転移を認めたため、リンパ節切除と放射線療法を受けた。そのため出産後も一カ月間ほど入院した。その後も療養生活が続いたので、G子の養育は主に近所に住む両家の祖母が担っていた。G子はおとなしい子だったので、手がかからなかったが、兄の方はいろいろと反応したので、ついみんなの目がそちらの方にいきがちであった。その後も母親には素直に甘えることもなく、母親と直接手を繋ぐこともなかった。手を繋ぐ時にはタオルを介して双方が握り合っていたという。G子は相変わらずおとなしい子どもであったが、なぜか母親はいつも何かと「我慢しなさい」と繰り返し諭していたという。

この話を聞いて筆者はG子が乳幼児期、母親に甘えることができない状況に置かれていたことを知るとともに、今回の事件直後に母親が娘に「なんでも話しなさい」と諭していたことと、昔の関わりがあまりにも異なっていて、まるで正反対の接し方であることに強い違和感を抱いた。G子自身の思いに沿った対応が母親には困難で、母親は自分の不安に引き付けられてその都度娘に対応していたのではないかということが推測された。しかし、そのことはここでは直接取り上げることは避けた。

そんな過去を思い出すようになって、母親は急に悲しくなるかと思うと、カーッとなってしまい、気分がキレそうにもなるなど、自分でもコントロールのつかないほどに気持ちが不安定になってきた。このままでいいのかと不安になることもあるという。母親はなぜか息子（G子の兄）に対しては素直な気持ちでいられるのに、娘（G子）に対してはそんな気持ちが持てず、関係もしっくりこないと率直に自分の気持ちを述べた。このようにして母親はG子を育ててきたこれまでの経過を想起しながら、当時の親子関係について振り返るようになった。

（第7回） 治療開始から二カ月が経過した。面接で会った時の印象では少しはしっかりとしてきた印象を受けるが、家ではいまだイライラしやすく、遺尿や遺糞も認められるという。いまだ回復途上である。しかし、G子は母親の言動に過敏で批判的になってきた。何かにつけて母親の物言いにいたく反応して「今のお母さんの言うことは、本当はそうじゃないんでしょ！」「本当は怒っているんでしょ！」などと鋭く母親の気持ちを見抜いて聞き直す。どう対応してよいのか母親の困惑は強まっていった。

（第8回） 夕方の外出でフラッシュバックが起きた。この日は珍しく夕方の受診であったが、父親の運転でG子は病院の入り口までは来たが、どうしても車から降りることができず、「こわい、こわい、（車から）出たくない！」と言いだした。さらには次第に「この時間怖い、この時間怖い！」、「変質者のような人にまた会ったらいやだから、行きたくない」と激しく訴えるようになった。この時のG子の反応を見て母親は初めて、事件が下校の時刻であったことに気づいた。そういえば、夕方の散歩にも行きたがらなかった、映画も午前中しか行きたがらなかった、それはそのためだったのかと、母親はやっとその理由にも気づいたという。

娘が父親を頼っているのを見ると、どこかでほっとしている自分がいる。そんな自分を振り返り、本当に私はこの子を愛しているんだろうかとも思っていた。これまで娘が自分を必要としていた時に、ひょっとしたら自分はそれを打ち消したり、こちらから引き離したりしていたかもしれないと自分の娘に対するアンビヴァレンスを内省するまでになった。

娘の気持ちがしっかりとつかめないもどかしさや心細さが強まっている母親ではあるが、夫にこのことを話すと、お前の育て方が悪いからだと言われそうで、何も言えないという。母親にとっては息子だけが頼りの状態になっている。

そこで筆者は、今回のフラッシュバックの出現に対して、娘が「怖い!」という自己表現は母親への甘えの気持ちから出たものであることを説明した上で、このような母親に助けを求める反応は肯定的に受け止めてよいことを助言した。なぜなら、母親に甘えをまったく出せない状況にあれば、「怖い!」とはとても言えるものではない。やっとそれが出てきたことは改善の兆候だと考えられたからである。

今回の事件のショックは親子にとって小さくないが、母親と娘の心理的距離を縮める契機となったことも確かで、そのことを肯定的に受けとめる気持ちも母親には生まれてきた。

〈第9回〉 この日の朝、自宅前で交通事故があった。子どもが救出されていたが、その子が「お母さん、助けて!」と叫んでいた。それを見て泣いていた母親にG子が駆け寄ってきて、どうしたのと理由を尋ねた。母親が理由を説明すると、G子は「私もそんな時には、お母さん、助けて、と言うよ」と語ってくれた。それを聞いて母親はうれしくなって涙を流して喜んだ。娘に対する母親のわだかまりが少し解けてきた様子であった。

(第10回) 一カ月ほど前から午前中には登校できるようになっていたが、夕方これまでの通学路を変更して久しぶりに登校してスクールカウンセラーに会いに行った。G子が夕方になって「お母さんは私と話をしてくれなかった。お兄さんとばかり話していた」と素直に昔の自分の気持ちを母親に話すようになった。

面接でも母親とよく話すようになってきた。筆者の方にはまったく向かないで、ことさら母親の方ばかり向いている。母親と直接話したい気持ちが強まっていることがうかがわれた。

(第11回~第12回) 二回目の両親同伴の来院。G子も最初は診察室に両親一緒に入ろうと勧めていながら、いざ入る段になると、すぐに父親を追い出した。母親によれば「恥ずかしいらしい」とのことだったが、このように母親との関係が深まっていくにつれ、少しずつそれまでの父親とのべったりとした関係に対して違和感を抱くようになったのであろう、恥ずかしいという気持ちが起こってきていることがうかがわれた。

それまでG子は母親との関係とは対照的に、父親べったりの関係が続いていた。それは他の家族からみても、あまりの溺愛ぶりであったという。やっとG子にも父親に対してアンビヴァレントな気持ちが強まってきたことがうかがわれた。

これまでずっとG子は母親の方しか向かず、筆者の方を向いて話すことはなかったが、この日(第12回)初めて筆者が質問したときだけは、こちらに身体を向けて話せるようになった。話し方にも甘えた調子が減って、少ししっかりとしてきた印象を受けた。

その後、数カ月間、徐々にG子は自分の気持ちを母親に直接語ることが増えて、母子関係は順調な変化を遂げていった。学校にも通いカウンセラーと定期的に会うようになった。極めて順調な経過をたどっていた。

(第19回~第23回) 小学六年になる。この日のG子を一目見て随分としっかりしてきた印象を受けたので、一対一での面接を提案したところすぐに同意した。治療開始後初めての一対一での面接であった。これまで母親になにか尋ねられても「大丈夫」とだけしか言えなかったが、この頃には「(あの時は)お母さんに何も言えなかったんだよ」、「悩み事があっても友達やお父さんに話していた」、「こういうことが嫌だったの」と素直に話すようになった。自分でも随分良くなってきたと思うと語っている。でも学校については、まだ怖い、みんなが待っていることを思うと、行きたいという気持ちもあるが、後押ししてもらうと、逆に行きたくなくなると、今の気持ちを率直に語っている。

通学路を変えて、毎日母親と一緒に登校するようになった。ただし、カウンセラーと担任に顔を合わせて帰るだけだった。

再登校するようになって、二週間ほど経過した頃のことである。母親と登校していた時に、以前使っていた通学路の方に母親の手を引っ張って「ちょっと来てみて」と言いながら連れて行き、痴漢に遭遇した時の様子を具体的に細かく話し始めたというのである。それを聞いて、母親はよく話してくれたねとしっかりと抱きしめてやった。すると母親に「ちゃんと学校に報告してね。他の子がやられるとかわいそうだから」と思いやりのある言葉も付け加えたという。

ただ驚いたことに、このようにG子がみるみるしっかりとしてくると、今度は母親の方が急に、娘が自分から離れて行ってしまいそうで心細くなり、不安が強まり過呼吸を起こすようになった。ついには救急車で運ばれるほどの騒ぎになった。母親に見捨てられ不安が強まってきた。不安発作の出現である。実は独身時代から、たびたび不安発作を起こしていたことがわかってきた。

以後、母親中心の治療へと変わっていった。

［まとめ］　ＰＴＳＤの回復のためには、自らトラウマ体験を想起することがいつかは必要となるが、それが可能になるのにはそれなりの条件が必要であることをこの事例の回復過程は教えてくれる。トラウマによる強い不安や恐怖を誰かに受け止めてもらうことが必要となるのだが、それを受け止める側にもそれなりの条件が求められるということである。この事例の母子関係においては、乳幼児期の母親の病気療養のために、「甘え」をほとんど体験できなかったことが明らかになっているが、それのみならず母親自身も幼児期淋しい思いをしてきたのではないかと想像されるのである。その根拠として、独身時代に不安発作で苦しんだということもさることながら、娘がトラウマから回復して依存から自立へと移行していく段に差し掛かった途端に、今度は母親の方が見捨てられ不安を起こしているからである。母子ともに親との関係で「甘え」の体験を享受できていなかったことは確かである。そのような歴史が母子関係に気持ちのずれを生み、互いの気持ちがしっくりとこない状況を生み出していたのである。

●事例４　Ｈ子　一一歳四カ月、小学五年

［主訴］　拒食とやせ。

［臨床診断］　摂食障碍（F50）

［事例の概要］　母子同伴での受診であった。両親と弟二人の五人家族。弟はふたりとも発達上の問題を抱え、母親はその世話で毎日大変である。誕生後、特に問題となることもなく、幼児期からとてもおとなしく、子どもたちの中に入って遊ぶことの少ない子どもだった。母親の言うことはとてもよく聞き、手もかからなかった。小学校入学当初、緊張のために給食を食べられなくなってやせたことがあった。その後は比較的順調で

あった。小学五年になってクラスが変更になり、友達と担任が変わった。するとしだいに給食が摂れなくなった。自宅での朝食も少ししか食べられなくなった。夕食も食べる量が急速に減った。食べなくてはいけないという思いは強いが、食べると罪悪感が強まり、胃が痛むという。食べると元気になって動き回る。そのため食べなければ良かったと後悔する。もともとストレスを抱え込みやすく、警戒心が強い。心配性であるが、その一方では粘り強く我慢強い。H子は下の弟をとてもかわいがり、家の手伝いもよくする。なんでも手伝おうとするので、休みの日だけでいいからと母親は言うが、どうしても自分からやると言い張る。したいからするというのではなく、そうせずにおれない感じである。数週間前より、夜も眠れなくなった。食事をしていなくても朝から動き回っている。体重は10 kgほど減少した。やせたいというよりも大きくなるのが怖いという。

［**初回面接でのアンビヴァレンスとその背景にあるもの**］　いまだ幼さを残した小柄な女児で、口数は少なく、うつむき加減である。いつも母親の方に視線を向けて、母親が代わりに答えてくれるのを待っている。食べることをめぐって強いアンビヴァレンスが認められ、標準体重の二五％ほどのやせである。母親には依存的で、反撥的態度は認められない。母親の手伝いをさかんにしているが、そこには強迫性が認められ、痛々しい感じを受ける。

［**精神療法過程**］　非定型抗精神病剤リスペリドン2 mg／日を処方し、母子同席面接で治療を開始した。一週間後、薬の効果もあってか不安はやや軽減し、間食の類を少しずつ食べるようになった。しかし、体重が増えることへの恐怖は逆に強まり、H子は母親に直接口では言えない苦しみをメモで手渡すようになった。母親はこれまでの夫婦関係、親子関係を素直に振り返った。H子と父親はとてもよく似ていて、あまり自分を

強く主張することがなく、ついふたりの思いに耳を傾けることが少なかったことを内省し、自分の思いで先取り的に相手をしていたことを改め、ゆっくりH子の気持ちを推し量るように努めるようになった。

筆者は面接の中でH子が母親に対してみせる態度と、メモに記している内容との間で微妙な差異があることに気づいた。面接で、H子は筆者の質問に対して言葉少なで、母親が代わりに答えてくれるのを待っているが、そんなに母親に頼っているにもかかわらず、母親が話し始めると、ことさら母親とは反対側に目をやっていることが多かったのである。その時の表情がとても固く、笑顔はほとんど見られない。時に笑みを浮かべることはあっても作り笑いのように見えた。母親に対するかなり屈折した思いがあることが推測された。しかし、そのことを面接で直接取り上げることは控えた。

治療開始後一カ月ほど経過した頃には、自分からは食事を摂ろうとしないが、父親や母親が手を貸すと、それがきっかけで食べるようになった。母親に夜一緒に寝てほしいと要求するなど、随分と甘えるようになった。母親の前で朝な夕なよく泣くようになった。こうしてH子は不安や恐怖を母親に直接表し、受け止めてもらうことができるようになってきた。その一週間後、調子がよくなり、学校にも行けるようになった。弁当も持参してよく食べた。朝起きても泣かなくなった。薬には抵抗があるが、一週間分全部飲んだ。食べた後の罪悪感は一〇から三に減ったともいう。母親は干渉することをやめた。母親自身「私の大変さがこの子に影響していることがよくわかった。私のストレスがないことがこの子のストレスのなさに繋がっていると思う」と振り返ることができるようになった。その際、母親はH子とのやりとりの中で次のようなことに気づいた。H子に対して母親が「何を食べたい？」と直接聞くと身構えてしまう。しかし、「これはママが食べたいな」と言うと、H子も食べたがる。夫も同じ傾向があるということを思い出したという。ここに示された H 子の心性は「あまのじゃく」そのものだが、母親は期せずして H 子の母親に向けるアンビヴァレンスに気づいたのである。このことが母親から語られた面接で、筆者も興味深いことに気づいた。H 子に対して直接顔を向けて、「調子はどう？」と尋ねると、すぐに母親の方に視線を向けて代わりに答えてもらいたそうにして、自分からは何も答えない。しかし、母親に向かって筆者が「お母さんに随分と頼っているよね」と尋ねると、母親が反応する前に、H 子は強く何度も頷いて答えていたのである。この H 子の反応は、先の母親の語った H 子の姿と重なり合うものだが、このことをすぐに筆者は取り上げた。H 子は母親にとても頼っているが、その一方で自分を主張したい思いも強まっているのであろう、そのような心の動きがこんな形で表れていると説明し、このような気持ちはとても自然なことで、なんら自分を責める必要はないことを強調した。今現在の生々しい自分たちの気持ちのありように対する筆者の説明を聞いて、母子とも腑に落ちたような表情を浮かべて頷いていた。このようにアンビヴァレンスを取り上げることで、H 子は自分の思いを表に出すことに対するためらいが急速に弱まり、その後の面接では一対一で会うことにしたが、そこで自分の気持ちを驚くほどにしっかりと述べるようになった。

まもなく興味深いことが起こった。H 子の症状が改善して学校に行き始めた途端に、今度は母親自身がなぜか涙が止まらなくなり、よく泣くようになった。そして次のようなことを素直に語り始めた。「H 子が食べない時に、自分の母親（H 子の祖母）に、よく平気で食べられるねと責められた。そんな母親の言葉に反応して、ことさら私は食べることにしていた。気丈に振る舞っていた。母親に対するそんな思い（自分の母親に対する反抗）がこの子をこのようにしたのではという気持ち（罪悪感）が起こって、今度は自分が泣きたくなってきた。自分は無理して気丈に振る舞っていたと思う。H 子を不安にさせてはいけないと思ってやったことだが……」。H子が立ち直り始めるとそれに代わって、母親自身が自分の母親に対して抱いていた反抗的な態度（アンビヴァレンス）に気づき、涙を流すようになっていったのである。さらに話は続き、母親自身も前思春期のこの時期に同じように非常につらい思いを体験していたことが明らかになった。自分の母親が再婚したため、家庭に居づらくなって、成人になる前に家を出てしまった。その時の母親への恨みや寂しさが今回の娘の発症によって賦活され、なぜか自分の母親に反抗的な態度をとらずにはいられなかったのであろう。そのことがH子の不安をさらに強めることにつながっていたことに母親自身気づいたのである。

［まとめ］ H子が母親に向けるアンビヴァレンスに母親が気づき、それが面接の中で母子と筆者との三者関係の中でも再現していることを「あまのじゃく」と称して取り上げることによって、母子間のアンビヴァレンスは急速に緩和していったことがわかる。さらに興味深いことは、こうして母子間のアンビヴァレンスが緩和したことによって初めて、母親自身の幼少期から自分の母親との間で続いていたアンビヴァレンスが賦活化され、娘と同年齢の頃の自分の過去が想起されるまでに至っている。ここにもアンビヴァレンスがいかに対人関係の基底に脈々と息づいているかを教えられるのである。

3 青年期前期

●事例5 I男 一三歳六カ月、中学二年

［主訴］ 頭が痛い、学校に行けない。

［臨床診断］ 気分変調症（F43.1）

［事例の概要］ 両親とI男の三人家族。父親は会社員で母親は専業主婦。両親同伴の受診であった。ちょう

ど一年前の同じ時期に二カ月間、今と同様の症状のために学校を休んだことがある。小学生時代からもともと頭痛もちだったが、一〇歳（小学校五年）の頃からひどくなり、中学生になってさらにひどくなった。もともとの性格は、外で仲間と遊ぶよりも、ひとりでゲームをやるのを好む。でも友達づきあいはよくて、特に悩みがあるわけではない。

［**初回面接時でのアンビヴァレンスの現われ**］　筆者はI男と話していて、気分が暗く落ち込んでいる感じを受けたので、「周りの人はどう見える？」と尋ねてみた。するとI男は「周りの人間は生き生きしている感じがする」というので、「ではあなたは生き生きしていないんだね？」と確認するつもりで聞くと、「いや、そうでもない。冬は生き生きしている」と返答した。この返答に筆者は意外な印象を受けた。I男のつらい思いに気持ちを寄せることで、面接が深まっていくことを期待しての質問だったからである。自分が困っていることをストレートに相手にぶつけることに対するためらいが働くのか、I男は自分のつらさをすぐに引っ込めてしまう。そのようなI男の態度には周囲に対する強い気遣いがうかがわれたので、「なぜ気遣うようになったと思う？」と尋ねると、「他人に迷惑をかけたらいかんと母親からいつも言われるし、自分でもそう思っている。自分がどうなっても、自分がしたことなら自業自得だから仕方ないけど、他人様に迷惑をかけたらいけない、と母親にいつも強く言われている」という。具体的に話を聞いていくと、次のようなことがわかった。「お母さんは常々、小さいことでも相手には大きく伝わるから気をつけなさいと言う。例えば、風呂からあがる時、身体をよく拭いて洗面器の水を捨てて斜めにかけておくように。家庭でそうしていないと、つい外でも同じようにやってしまうから、と注意する」、「言っていることは確かに正しいけど、うるさい。あまりにも小さいことなので、それこそ頭が痛くなる感じがする」という。他人に迷惑をかけてはいけないとい

う思いだけが強く働き、自分の困っていることなどを相手に話すことには強いためらいが働いているのである。

［まとめ］ Ｉ男自身のつらさや孤立感について筆者が尋ねると、途端に、今はそうでもないと否定的な対応を示している。Ｉ男の気持ちに近づこうとしての筆者の質問で、共感的な触れ合いを求めての行動だったのだが、それに対してＩ男は回避的な反応を示しているのだ。この反応を見て、筆者は即座にＳＳＰでの乳幼児の反応を想起した。母子再会場面で母子が接近した途端に、子どもは母親と向き合うのを避けるようにして視線を回避する反応である。筆者の質問に対してみせたＩ男の回避的反応は、乳幼児期の子どもの反応を彷彿とさせるものであった。筆者は両者間に対人反応としてのアンビヴァレンスの類似性を見て取ったということである。

Ｉ男には他人に迷惑をかけてはいけないという思いだけが強く働き、自分の困っていることなどを相手に話すことには強いためらいが働いている。これまでＩ男は母親に自分の思いを無条件に受け止めてもらった体験がほとんどないのではないかと想像されるのだ。今なお母親にはＩ男の気持ちを理解することは期待できないと感じられた。

［その後の治療経過］ 数カ月の親子同席面接を実施したが、頭痛の軽減は認められたもののそれ以上の治療効果は得られず、治療は不全感を残したまま中断した。

●事例６　Ｊ子　一三歳六カ月、中学二年

［主訴］ 頭髪を抜いてしまう。やめられない。

〔臨床診断〕 抜毛症（F63.3）

〔事例の概要〕 小学一年の時、両親は離婚して以来、母親と兄弟の四人家族。一年半前まで父親は近くに住んでいて、月に一回は自宅に顔を出していたが、転居してからはまったく顔を出さなくなった。時々父親から自宅に電話はあるが、J子は電話には出たがらない。しかし、携帯電話を通しては互いに話しているらしい。

主訴は頭髪の抜毛であるが、最初に出現したのは小学五、六年頃の眉毛の抜毛であった。J子自身は当時おしゃれのつもりで始めたらしい。頭髪の抜毛が始まったのは、中学一年の秋頃からで、部活で先輩との関係がうまくいかなくなったことがきっかけだった。その先輩は人の好き嫌いが激しい人で、自分もとてもきつい言い方をされて以来、しっくりこなくなった。今その人は卒業したので、部活は続けている。抜毛も減ったが、止められないで悩んでいる。中学二年の夏休み前、母親と同伴での受診であった。

母親は四年前からある男性と交際している。入籍はしていないが、休日には家族同然の付き合いをしていて、自宅にも頻繁に来る。J子も小学生の頃はその「おじさん」に素直に甘えていたが、今はできるだけ顔を合わせないように避けている。最近は母親とJ子とのコミュニケーションも乏しい。J子はあまり風呂に入らなくなり、ものを片付けない、勉強をしないなど、だらしないところが目立ってきて、母親は口うるさく言っている。もともとJ子は甘えん坊で、父親によく可愛がってもらっていた。父さん子だったので、離婚して父親がいなくなり淋しかったようだと母親は感じている。

〔初回面接でのアンビヴァレンスとその背景にあるもの〕 母親とその内縁の夫、実父、J子の四者の間で複雑な感情が行き交っているのは容易に想像できる。母親と実父に対する「拗《す》ねた」態度をみると、J子の離婚した両親に対する強いアンビヴァレントな気持ちを感じさせる。J子は年齢にしてはやや大柄な、おしゃれで大人びた印象である。しかし、話し始めると幼さを感じさせ、他人の目をとても意識している様子である。自分のことをはっきりと口に出すことはなく、どこか含みのある態度で、母親の話には聞き耳を立てて注意深く聞いている。母子間の緊張関係が続いていて、両者とも互いに近付き難いものを感じとっているのであろう。J子は身近な大人たちのみならず、友達にもアンビヴァレンスが強まり孤立化している。そのため欲求不満からくる攻撃性が強まっていることが推測された。

〔**精神療法過程**〕　一～二週間一回三〇分程度の母子同席での面接を開始した。同時に抗うつ剤ＳＳＲＩ[*18]20mg／日を処方した。(初診から) 一週間後、母親はだらしない生活を送っているJ子に対する愚痴っぽい話をしていたが、その中で「歯磨きもしてくれない」というせりふが筆者にはいたく気になったので、それを取り上げた。J子に対する母親の「～してほしい」という期待を強く感じさせたが、J子は母親のそんな思いに反撥しているように見える。つまり、母親は自分の思いで娘を動かそうとしていたからである。それを話すと母親も気づいて内省的になった。母親は筆者の指摘に素直に応じるところから、この母子は互いに相手に対して強い肯定的な思いを抱いているのが感じられた。双方のこうした思いが強すぎるために、かえってアンビヴァレンスを強めていることが推測された。母親は筆者の説明をうれしそうに聞いていた。まもなく、J子は珍しく学校に行きたくないと言い出して、週に数日休むようになった。

二週間後、J子は母親にさかんに聞いてくるようになった。「友達がピアスの穴をあけた。こんなことは良

＊18　選択的セロトニン再取り込み阻害剤（Selective Serotonin Reuptake Inhibitor）の略。

いと思うか」と尋ねたという。自分のことを直接話さず、他人のことのようにして話すのが母親には気になるというのである。筆者はこのJ子の婉曲的な表現に、母親に対するアンビヴァレンス、つまりは母親に対する「甘え」の躊躇《ためら》いを感じ取り、それをわかりやすく説明した。すると母親も同じような傾向があること、さらに「こうでなくてはいけない」という思いが強すぎることにも気づいた。次第にJ子の母親に向ける表情に笑顔が増えていった。母親もうれしそうで、母子ともに表情が和らいでいった。

夏休みに入った。

五週間後、双方のアンビヴァレントな気持ちを取り上げながら母親と話し合ったが、母親は理解を示した。

七週間後、母親が携帯電話の機種を替えたいとJ子に相談を持ちかけると、J子はうれしそうに応答したこと、母親の気づかないところで家事の手伝いをしてくれるようになったことなどが報告された。自宅で母親が本を読みながら過ごしていると、J子がテレビを見ながらさり気なく近寄ってくるようになったことをうれしそうに語った。これを聞いた筆者は母親に、微妙な距離の取り方をしているので、さり気なく声をかけてみたらどうかと助言した。母親が自分に関心を向けてくれていることを確認することで二人の関係が深まっていくことが期待されたからである。

一〇週後、J子が小学校に入学直前、弟が出生したが未熟児だったので母親は大変だったこと、当時父親の精神状態が悪くてJ子に怒ってばかりいたこと、そのせいか友達の持ち物を盗んで集めていたことなどが母親から語られた。母子ふたりとも淋しい思いをしていたのだろうと想像され、そのことを母親に伝えた。その後まもなく、J子は薬が苦くて飲むのが嫌だと言い出した。この時期になって言い出したことを筆者は肯定的に捉えて受け入れた。

一三週後、夜中に母子二人で数時間にわたって話したことが母親の口から楽しそうに語られた。以来、J子は母親の前で子どもらしくなり、いつも一緒にいたがるようになった。こうして両者の関係はとても平和的になった。

二二週後、抜毛は無くなったことが報告された。不登校は続いていたが、二三週後、正月になると、自分から学校に行くと言い出し、登校し始めた。

三〇週後、母親の方から治療を終えたいとの希望が出され、治療終結となった。

最後に「抜毛は何だったんでしょうね」と母親に尋ねると、「淋しかったんですかね」と締めくくった。

［まとめ］ この事例の場合、筆者はさほど幼少期からの内面の深いところにまで入るような面接をしていないが、筆者が特に心掛けたのは、母子ともに日常の何気ない言動に気をつけながら、その背後にどのような歴史や心理的背景が推測されるかを考えることであった。その具体的な例が、母親のJ子に対する「歯磨きもしてくれない」という思いを示した発言である。そこに筆者は、娘に対してこうあってほしいという母親の期待が強すぎるために、ついそれが前面に出てしまい、J子は自分の思い（甘え）を表に出すことができないでいるのではないかと感じ取ったのだ。それを取り上げたことによって、母親はどこかほっとしたような反応を示し、急速に筆者に対して素直になんでも話すようになっていった。その後は、J子が母親に対して示すさり気ない言動の意味を共に考えていくことによって、母子間のアンビヴァレンスは急速に緩和していったのである。

●事例7　K男　一三歳一一カ月、中学二年

［主訴］　外泊するのが怖い。外出しようとすると頭や胃が痛む。

［臨床診断］　恐怖症性不安障碍（F40.8）

［事例の概要］　母親同伴での受診。会社員の父親と専業主婦の母親、一人っ子のK男、そして父方祖父母の五人家族。今時珍しい家父長制が色濃く残存した代々続いている商家である。祖父は細かなことにも口うるさいが、祖母は何も言わず大人しい。そんな祖父に対して父親はいつも距離をとって接している。

発症の直接的な契機となったのは、小学三年の夏行われた体操教室のサマーキャンプでの出来事だった。キャンプの開始前から少し熱があったらしいが、K男は何も言わず参加した。しかし、最初の夜、具合が悪くなって、夜中に両親の迎えで帰宅を余儀なくされるということがあった。この体操教室にK男は三歳の頃から通っていたが、集団に馴染めるようにとの母親の期待からであったという。

これまでK男は目立った反抗も見せず、自己主張も少なく、いつまでも母親にべたべたくっついていることが多い子どもだったという。

周産期、特に問題はなかったが、出産は予定日より二週間早く、生下時体重は二六〇〇g程度と少し小さかった。乳児期から母親のおっぱいをいつも求めて泣いていた。母乳しか受け付けなかった。一、二時間ですぐに母乳をほしがるため、母親は息つく暇もないほどであった。そんな状態が生後三年間続いた。よく泣く子だったが、おっぱいをふくませると、泣き止んだ。寝付きも悪かった。おっぱいをふくませないと寝なかった。そのため母親は育児に大変だった。しかし、不思議なことに夜尿は一度もなかった。

母親からこのような話を聞いていた最中、なぜかK男は急に思い出したように発言し始めた。その頃、自分はあまり寝ていなかったのではないか、意識がずっとあったのではないか、と話し始めたのである。この時のK男の急な反応に筆者はとても意外な印象を受けた。なぜならそれまで大人しく自己主張などしそうにない子どもに見えていたからである。K男はさらに話を続けて、今でもベッドに入ってすぐに寝た記憶がない。早くて三〇分、たまには三時間も寝付かれず、起きていることがある、と付け加えたのである。

K男の話を聞いた母親は、これまた筆者の予想に反した意外な反応を見せた。母親の目から見たらいつも三〇分以内にはよく寝ているというのである。それに対してK男の口調は穏やかだが、「それはお母さんが知らないからだ」と反撥を見せたが、一言口に出しただけで、すぐに自分を引っ込めた。このようなやりとりから、筆者は母親の子どもに対する認識に実際とは大きなズレがあるのではないかという印象を受けた。

今度は母親が急に思い出したと言って語り始めた。K男が一歳の時、集会場のホールで沢山の親子が集まる行事があったが、母親がK男を連れてホールに行こうとすると、急に嫌がって泣き始めた。結局その行事に参加しなかったが、その時以来、この子は大勢の人の中に入るのを嫌がる子どもだと思い始めたという。

これまでに反抗期らしいものがあったかどうか母親とK男の双方に尋ねても、母親は時に生意気なことを言うことはあっても、すぐに「ごめんね」と謝っていたほどだというし、K男自身も「なかったと思う」と話すのだった。

以上のことから、K男はこれまで強い自己主張はしたことがないことが伺われたが、その点からも控えめなK男が乳幼児期早期の記憶についてだけ驚くほどしっかりとした口調で発言したことに、筆者は不思議な感覚に襲われた。

その他印象的なこととして、今でも夜、家で家族みんながくつろいでいると、K男は母親のみならず父親にも急に抱きついてくるという。夏でもそんなことをするので、父親は「暑い！」といって嫌がるが、それでも求めてくるらしい。

母親に幼い時の様子を聞いていくと、急に思い出したと言って次のことを語り始めた。

小学三年時の例の合宿が終わって間もない時のことである。盆に母親は実家に里帰りをしたいと思ってK男を誘った。すると、K男は予想外に強い返事で「行かない！」と言い出した。それまで母親と離れて過ごすことをとても嫌がっていた子どもだったから、この時の反応にはとても驚いたという。結局母親はひとりで帰省した。すると、その日の夜になって、K男は急に寂しいと言って泣き始めた。父親と祖父が一緒だったが、祖父がK男の泣いている様子を見て、どうしたのかと父親に尋ねたら、「放っておけ！」と父親が答えたことがきっかけで、祖父と父との口論がエスカレートし、ついには祖父が家を出て行くと言い出すまでになった。すると父親が出て行くと言い返す。K男は怖くなって自室にこもってしまった。電話で事態を知らされた母親は翌日自宅に戻った。帰ってみると、K男は食事もほとんどとれなかったようで、前夜からの泣き疲れのためか、しょんぼりとしていたという。

筆者はこの話を聞いて、当時のK男の母親不在によって生じた心細さに加え、父と祖父の思いがけない大げんかによって強い恐怖と不安に襲われたであろうことが想像されたが、それを一層強いものにしたのは、当時、多少なりとも母親に対する反抗の芽が出かかっていたのではないか。それが母親の誘いを強く拒否したことに反映していたのではないか。こうしたK男の反抗（拗ねること）の裏には、それだけ「甘え」の感情も高まっていたことが伺われたからである。しかし、なぜか母親にはそのような認識はまったくなかったようで、今でもなぜK男がこのような態度を取ったのか不思議でならない様子であった。

以後、家庭の事情で一、二週間に一回の不定期な面接で、一回三〇分程度とした。初回は母子同席面接であったが、以後は、最初にK男、その後母子同席での面接とした。

〔精神療法過程〕 初診から一カ月。K男は一四歳になった。母親の話によって、発病の契機となった合宿の際に、迎えに行った母親はK男に対して、淋しかっただろうけどがんばって帰ることができたから、「強かったね」、「よくがんばったね」と励ましたというのであった。

この時筆者には、なぜ母親はK男の心細さにもう少し思いを寄せることができなかったのか疑問が浮かんだが、そのことをここでは敢えて取り上げなかった。時期尚早と判断したからである。

K男と面接していると、K男は母親がいなくて心細そうにしているが、母親がいると話しにくそうにしているのでそのことを指摘すると、K男はそうだとはっきりと頷いた。しかし、いざ筆者がK男に中学生らしい関心事などについて尋ねてみても、自分の好きなこともないらしく、ほとんど自分の思いを語ることができない状態が続いた。友達と話すときでも自分を語ることができない。周囲の子どもたちと自分を比較してどう思うかと尋ねると、「そんなこと考えたことない」というばかりであった。

母親に尋ねても、K男が何を考えているのか、何に興味があるのか、わかりづらいと話すのだが、筆者が母親とK男のことについて話をしていると、K男はふたりの間に割って入り、どんどんしゃべりたがる。それもなにか文句がありそうな口ぶりである。そこに筆者はK男の母親に対して向けている、自分のことをわかってくれないという不満を感じるのであった。なぜならこのような「あまのじゃく」な態度にこそK男の「甘えたくても甘えられない」思いが強く反映していることを見て取ることができたからである。

すると、その後母親の口からつぎのようなことが語られた。

幼児期から小学生にかけて、落ち着きがないほど動き回っていた。いつもちょろちょろして、母親の先々を動き回っていた。追いかけるのが精一杯だった。知らない場所にも自分からどんどん行ってしまう。何かに夢中になることがない。この子がいる所に母親が辿りつくと、すぐに余所に行っていたというのである。

筆者はこの話を聞いて、K男がアンビヴァレンスへの対処として、母親のそばから離れず、母親と微妙な距離を取りながら、母親が自分のところに来ると途端にまた他所に行くという「へそ曲がり」な態度を取っていたであろうことが想像されたのである。

先日、英語の授業参観があったという。「To live is to（　　）.」という課題が出された。何を書いたかK男に訊いてみたところ、To live is to die. と書いたと言うので、最初は母親もびっくりしたが、ゲームかアニメのせりふでも書いたのだろうと考えたという。しかし、K男はふざけたのではなくまじめな気持ちで書いたというのである。こんなことを考えたのは小学三年の時だというが、具体的なことは記憶してないとも言ったらしい。

筆者はここにも見かけの印象とは大きく異なったK男の学童期以来の深刻な悩みが伺われるとともに、母親の子どもへの認識とのあいだに大きなギャップがあるのを改めて感じとった。

初診から二カ月。夢中遊行が出現した。自室で寝ていたけど、朝起きた時、両親の部屋にいた。ふたりの間に入ってきたという。そこでこれまで家族はどのように寝ていたのかを尋ねると、小学五年の前半まで、ずっと両親と子ども三人で川の字になって寝ていたという。

三歳過ぎるまで母乳を求めて乳房を離さなかった。母親は困り果てていたところに、歯科医から虫歯ができているからすぐにやめなさいと言われて、断乳したということもわかった。

これまでの話から浮かび上がってきたのは、幼児期から乳離れが悪いからと集団の中に入れようとしたり、急に断乳を実行するかと思えば、親子三人で小学五年になるまで川の字で一緒に寝るなど、この母子には極端な密着と分離が繰り返されてきたことであった。そこに母親の自信のなさと強い不安を感じ取ることができた。

初診から三カ月。母親と面接をしていると、そばで聴いているK男は落ち着かなくなり、座ったまま椅子を動かして診察室を移動して遊び始めた。小学生のような振る舞いであったが、そこにK男は母親に何かとちょっかいをかけて、母親の気を引こうとしている振る舞いにも映った。そんなK男を母親はたしなめるように注意しながら恥ずかしがっている。

同五カ月。K男との面接では、相変わらず話は深まらず、いつも受け身的であった。母親は子どもに対する心配ばかりで、自分のことを語ることはほとんどなかった。筆者はどこか面接が深まらないことに戸惑いを隠せなかったが、それは母子双方に対して核心に触れていないもどかしさでもあった。

前回面接から六週間後。期末試験が無事終わった。特に目立った問題もなく過ごしていたので、筆者が今どのようなことに関心があるかを尋ねると、すぐさま「ない」と素っ気ない返事であった。しかし、何も話したくないという拒否的なものではなく、興味のあることはないという正直な返事であった。しかし、その後急に自分から「自分は自分のことをわかっていないと思う」と語り始めた。そしてさらに「他の友達を見ていると、その人は自分のできることがわかっている。でも自分はそうではない。体育の授業でも先生に、自分の持っているものをもっと出しなさいと言われた。でもどうしたらよいかわからない」とまで素直に語り始めた。そこで筆者は尋ねた。

「体育の授業でどんなことがあったの?」するとK男は「前回やってみてできたことを、次の回でもやってやろうと思うと、必ず失敗する。自然の流れで、意識せずにやっているとできるが、意識すると途端にできなくなる」、「たとえば、サッカーやバスケットボールで、ボールを取って敵の防御から素早く抜け出したり、相手を抜いてしまったり、そんなことがなぜか驚くほどうまくできることがある。バスケットボールをしている時、ボールを持っていて、突然周囲の状況がよく見えて、走り抜けることができる。どのように相手をかわして抜けて行けば良いか、その道筋がわかることがある。確率の計算が頭の中で(瞬時のうちに)できる。バスケットボールで、相手の選手がパスを誰によく出しているか、そんなことが瞬時にわかる」、「柔道でも相手の出方を注意して見ていると、わかってくることがある。意外性があるというか、よくできることがある。水泳でもできる時とできない時の落差がとても大きい。視力もかなり激しく動揺する。だからどうも自分は周囲の人たちとは違うという感覚がある」、「周囲の連中は熱い人が多いが、自分はどこか冷めている。一番冷めている方だ。全員仲良しだが、自分はひとりを好む」などと一気に語ったのである。

自分のことは自分でよく見えないが、周囲の相手の動きはとてもよくわかるので、状況に沿った動きが瞬時のうちにできる。しかし、そのことを意識した途端にぎこちなくなってできなくなるというのである。

筆者はこの話を聞いていて、K男の語りが自分を意識することをめぐる困惑であることに気づかされた。なぜならそれは「甘え」と同じ性質の事柄のように思われてならなかったからである。「甘え」も自分で意識して甘えたいと思うと途端に自然に甘えられなくなってしまう。意識的にやろうと思うと途端にできなくなるという点で、両者に共通性があるからである。そこにK男は意識しないで自然に行動することのできない自分をどこかに感じているのではないかと筆者には推測された。

そばで聞いていた母親が「この子は無欲だから」とやや否定的なニュアンスを込めて言うと、驚いたことにK男は即座に母親に向かってやや強い口調で「ひどいな」と反応した。強い反撥心を感じさせるものではなかったが、これまでのK男を考えるとこの時の反応は筆者にとっては良い意味で意外な驚きであった。

その後、K男はさらに自分のことを語り始めた。「自分をどう出したらよいか、出し加減がわからない」、「自分の出し方がわからない」と言う。ただ語り口調は、照れたような恥ずかしそうな感じで、苦悩しているといった深刻さは感じさせない。それを聞いていた母親は「この子は、時々超能力的な体験もしている」、「だからまぐれで何かできると、一緒になってもっと練習しようと思うが、この子はやろうという方向に進まない」と嘆くのである。するとK男は反論するようにして、小学六年の終わりの出来事について語り始めた。

それは中学受験をめぐっての母親に対するK男の恨みとも思える内容である。「受けたくなかった私立の中学校を母親が強く勧めて、勝手に受けさせた」という。これまでの半年間の経過の中で、K男は初めて自分の中の熱い思いを語り始めた。それは母親に対する攻撃的な、怒りに近い思いを感じさせるものがあった。さらには外泊恐怖がこのような過去の思いを引きずったものだとも語り始めたのである。

前回から四週間後。まもなく三年生になり、数カ月後に修学旅行を控えていた。

前回珍しく自分から積極的に思いを語っていたが、この回、筆者はK男と話をしていて、再び話題が広がらないこと、どこか冷めていて一歩自分を引いている感じを受けていた。それは自分を抑えているという感じとは違ったものであった。そこで筆者はそのことをK男に投げかけてみた。「あなたはいつもどこか一歩自分を引いているように感じるのだけれど?」するとK男は「そうだと思う」と素直に反応し、次のように付け加えた。「人と話す時、何を話したら良いか、とても気を遣う」。

そこで筆者は次のように尋ねた。「それだと周りの人にはあなたは何を考えているかわからないよね?」すると K 男は即座に「不安なことに対して、そんな自分を見たくないんだ」と自分の気持ちを正直に述べたのである。

筆者がこのように K 男に指摘したのは、彼の他者に対する対人的構えの特徴から、一歩引いた感じを抱かせるのは「甘え」のアンビヴァレンスと深く関係していると思われたからである。自分を引くことによってその場を切り抜けるという対処行動を取ってきたのではないかと思われたのである。

K 男はこれまで、いつも照れたような、恥ずかしそうな、でも何も考えようとしない、そんな態度が目立っていたが、今回初めて、自分がどうして対人接触のなかであまり深く考えようとしないのか、その理由を内省的に語りだしている。このような変化をもたらしたのは、筆者自身が K 男との面接で感じたことを率直に語ったことにある。K 男は「人との間で意見がぶつかり合うのを逃げる」「途中で話を聞くのが嫌になる」というのだ。しかし、この一カ月、自分の気持ちや意見を言うようになったとも語っている。

後の母親との同席面接の中で、K 男に修学旅行の日程について尋ねた。すると、母親が即座に K 男の代わりに答えたのだ。筆者は K 男の先取りをしてすぐに答えようとする母親の態度をすぐに取り上げた。すると母親は「小学三年の時以来、自分がこの子を放っておいたからこうなった(悪くなった)という気持ちになった」と言う。自分のせいで子どもがこのようになってしまったという自責の念が語られたが、筆者はそこに自分が母親として認めてもらえないことからくる「見捨てられ不安」を感じていた。それは、自分(母親自身)が自分の母親にどのように評価されるか、そのことに敏感になっていることによる反応ではないかと思われたからであった。

その一方でＫ男は自分から「この一カ月、自分の気持ちを、自分の意見を言うようになった気がする」と率直に言うようになった。

それから二カ月後。中学三年になり、懸念されていた修学旅行が近づいた。

その後まもなく、母親からＫ男が修学旅行に行けず不安定になっているので受診したいとのメールが送られてきて、緊急の受診となった。

受診した当初、Ｋ男はかなり落ち込んでいてつらそうな表情であった。こんな苦しそうな状態は初診後初めてのことであった。しかし、修学旅行前日からどのような状態になったか詳細に次のように語った。

修学旅行の前日夕食後、「とにかくいやだ！」という感情が湧き出てきた。「行くのがいやだ！」という気持ちだと確信をもって述べるのだ。「怖い」という気持ちも少しはあったが、「いやだ！」という気持ちが強かった。嫌いなもの、苦手な物に対する「いやだ！」に近い感情だという。その後こんがらがって、訳がわからなくなり、「いやだ！」という気持ちだけが強くなった。自分がどうしてこんな気持ちになったのかわからず、とても戸惑った。そして急に身体の具合が悪くなった。吐き気が出てきて、気分が悪くなったという。すぐに母親が担任に電話をして事情を説明し、休ませてもらいたいと話すと、担任からとにかく集合場所には来るようにとの指示を受けた。

翌日は食事もできないほどだったが、修学旅行の集合場所にだけはどうにか行った。担任に状況を報告し、仲間や自分のグループの生徒に事情を説明し、みんなに事情はわかってもらった。その後自宅に戻ってから食事をすることができた。

Ｋ男が自分でもなぜかわからず困惑している様子がひしひしと伝わってきた。不安発作ではあったが、Ｋ

男がその時の感情を「怖い！」ではなく、「いやだ！」とはっきりと述べたことに筆者は注目した。なぜ「怖い！」ではなく「いやだ！」なのか。「怖い」であれば、母親への依存的な感情、つまりは心細いのでしがみつきたいという気持ちを暗に示唆させるが、「いやだ！」はそれを感じさせない。「いやだ！」は、母親が自分の気持ちを聞いてくれないことに対する抗議の行動としての「駄々をこねる」姿を彷彿とさせたからである。

その証に、旅行に行かず、どのように過ごしたかを尋ねると、母親と一緒にいたというが、本人自身が母親を求めたというよりも、母親の方が自分から離れなかったというのだ。母親の方こそ心細かったのではないかということが推測されたのである。ここに母親の「見捨てられ不安」を見て取ることができるが、さらにK男が語る中で母親に対する少し反撥したような感情をちらっと垣間見せたことを筆者は見落とさなかった。

このような話を二〇分ほど聞いた後、母親にも入室してもらったが、母親はひどく深刻な表情であった。語り始めると、ずっと涙、涙である。筆者はこの母親の深刻な反応には少々驚かされた。

母親が語り始めたのは、まずは小学三年の夏のキャンプで彼が体調を崩して現地から帰ってしまった時のエピソードである。このとき、なぜ自分は事前に子どもの体調を気遣って休ませることをしなかったのかと責めている。「母親失格」とまで言って自分を責めているのだ。この時からずっと自分は「母親失格」だと思い続けていたという。小学三年夏以後、二カ月間子どもが不登校状態にもなった。小学六年の中学受験の際にも、数日前から今回のように体調を崩して嘔吐などの反応を示していた。

この話を聞いていたK男は母親にうるさく受験校を勧められて嫌だったと当時の思いを回想して母親を非

難した。

すると、母親の口から、実家の自分の母親に、あんたは甘やかすから子どもがこのようになったのだ、と非難されていたことが告白された。実家は商売で忙しく、両親とも自宅で働いている姿を見て育った。母親自身は自分の子ども時代、手のかからないいい子だったというが、「甘え」を抑えて育ったことは容易に推測される内容であった。そして、今回の出来事が母親には「母親失格」と烙印されるようなものだったのである。

このような母親からの話を聞いていたK男が珍しく母親に対して「母は自分に似て、やけに深刻に受け止め過ぎるんだ」と強く批判したことに筆者は注目した。なぜなら、「母は自分に似て……」という表現は論理的には矛盾していたからである。本来であれば「自分は母に似て……」と言うべき内容である。母親が子どもに似るとは本末転倒である。つまり、ここで彼は親の立場に、逆に母親は子どもの立場に、入れ替わってしまっている。この時、K男は〈親〉になり、母親は〈子ども〉になってしまっているのだ。それほど母親は頼りない状態になってしまっていた。おそらく母親は彼にとって、小学三年の時以来、頼りたくても頼れない存在であり、そんな母親に対して、非常に困惑し、強いアンビヴァレンスを抱き続けていたのであろうことが推測されたのである。

そこで筆者はそのことを受けて、「自分のことでお母さんがあまりにも深刻に受け止めると、自分はそんなにひどいのかと不安になるよね」と解釈すると、すぐに納得したように頷いていたのであった。そして筆者のことばに勇気づけられたのか「こんなに深刻になるお母さんは他にはいないよ。他のお母さんはもっとしゃーしゃーとしているよ！」とまで言えるようになった。つまりは「大らかに構えて自分を見ていて欲しい」という思いがそこに込められていたのである。「お母さんが深刻に受け止めていると、自分でも早く治さないといけないんだと焦ってしまう」とまで自分の本音を語るようになった。

面接後、K男は母親の前で初めてすっきりとした表情になっていた。この回の面接の最初の深刻な状態からすれば、劇的な変化であった。そのことを受けて、母親も「この子は何をどこまできちんと考えているかどうかわからず焦っていた」と述懐することができた。つまり母親は子どもの気持ちを感じ取ることができず、頭で懸命になって理解しようとしていたことが伺われたが、その背後には、自分の母親の存在の影響が関係していることが考えられるのである。なぜなら、母親自身、実母との間で「甘え」を巡って強いアンビヴァレンスを引きずっていたがために、子どもの気持ちを感じ取るという「勘」が働きにくい状態にあったのであろう。

子どもは自分の「甘え」を母親に対して出すことができず、回避的態度で自分を他人事のようにして語っていたが、そのことが母親に子どもの気持ちを掴むことをさらに難しくさせ、その結果母親はますます不安になって焦燥感が強まっていったのであろう。そのようにして母子関係に負の循環が生じてしまったと考えられるのである。

K男が面接で母親への批判を口にするようになったことから、母親の不安は一気に強まり、今度は母親が不安発作に襲われ、治療を自ら求めるまでになった。母親との面接を重ねる中で以下のことが浮かび上がってきた。

子育てで大変な時、泣いている子どもを見ると、祖父母の方が先取りして心配し、やれ何々をしてやれと、盛んに母親に注文をつけていた。そんな祖父母の姿を見ていて、当時はそんなに心配しなくてもよいのに、と思っていた。しかし、小学三年時の出来事以来、これでは駄目だと思うようになった。そんな時、実家の母親に電話をすると、「あんたがそんなに動揺していたらいけないでしょ。しっかりしなさい」と言われたという。母親自身が自信をなくして頼ろうとして実母に電話をしたにもかかわらず突き放されてしまっている。母親の孤立感は一層強まったであろうことは想像に難くない。あの出来事以来三年経ったが、子どもの問題は解決していない。普段は何も無いけれど、何か問題が起こると思い出してしまうというのだ。つまり、外泊恐怖は当初Ｋ男の主訴であったが、実は母親自身の「母親失格」を突きつけられる出来事として母親にとっても大きな恐怖であったということである。

その後まもなくＫ男は「初めて自分と向き合った」「つっかえていたものが取れた感じがする」などと語り、それまで家庭で両親と離れて過ごすことに抵抗を示していたにもかかわらず、今では自分の部屋で勉強することが多くなった。

その後、Ｋ男は母子同伴で受診はするが、自分の面接は必要ないといって断り、母親のことが心配だから母親面接をするように筆者にはっきりと依頼するまでになったのである。

母親との面接では、Ｋ男の乳児期から今までを涙ながらに振り返ることが多かったが、しみじみ語ったのは、「いろいろなつらい体験がすべてずっとつながっているということ」であった。今後どうしたらよいかという不安はあるが、今回の治療でなんとか自分を取り戻すことができた気分だと語るのであった。

まもなくＫ男は希望の高校に入学し、学校行事に参加して外泊することもできるようになった。母親への治療はその後もしばらく続いたが、初診から一年半で母子ともども治療は終結となった。

「まとめ」　本事例の治療経過は、多くの示唆を与えてくれる。

ひとつには、Ｋ男自身の母親に対するアンビヴァレンスは母親自身のそれと深く関係しているということである。乳児期に母親が祖父母の干渉の中で孤立した状況にあったにもかかわらず、自らの実母とのあいだに強いアンビヴァレンスがあったがゆえに実母に頼ることもできず、ただ頑張るように叱咤されるだけで、母親の育児不安は募るばかりであった。そのような心理状態にあって育児に専念していた母親の不安を、K男は文字通り直接肌で感じ取っていたのであろう。それを強く示唆するのが、K男の乳児期の記憶の鮮明さである。アンビヴァレンスが世代を超えて伝達することを如実に示していることは興味深い。

ついで取り上げたいのは、修学旅行をめぐる混乱した事態でのK男が思わず発した「いやだ」ということばである。「怖い」ではなく「いやだ」が「駄々をこねる」子どもの姿を彷彿とさせたが、ここにK男自身の外泊恐怖の真の意味が凝縮して示されていると思われるのだ。自分の甘えをはじめとするさまざまな思いを母親がわかってくれないことに対する強いアッピールが込められていたのではないか。つまり、K男の本当の苦しみは、外泊するのが怖いことにあったのではなく、アンビヴァレンスゆえに母親に自分の思いをはっきりと口にすることができなかったことにこそあったのだ。そしてその背景には、母親が育児をめぐって強い不安を抱き続け、サマーキャンプの出来事で、「母親失格」だと烙印を押されることの恐怖を抱くようになったことが深く関係していた。実は母親にとってこそ外泊問題は「母親失格」という事実を突きつけられる恐怖の対象になっていたのである。その意味で母親こそ外泊恐怖を抱いていたということさえできるのである。

4　青年期中期

●事例8　L子　初診一四歳九カ月、中学三年／再初診一六歳九カ月、高校二年

［主訴］　学校に行けない、何もする気になれない。

［臨床診断］　気分変調症（F34.1）

［事例の概要］　母親同伴での受診である。両親と妹、弟の五人家族。会社員の父親は単身赴任中。専業主婦の母親は、はっきりとものを言う厳しい人。父親はわが道を行くという感じの人。乳児期まで異常なし。一三カ月後に妹が誕生している。育てやすい子で、「お利口さん」だったが、二歳まで指しゃぶりが、小学二年まで夜尿が続いた。四歳時、弟が誕生。緊急帝王切開で、双子のひとりは死産だった。母親の入院中は近くの母の実家に預けられた。入院中、面会に行った時、L子は母親が点滴を受けている姿を見て驚き、付き添っていた祖母から離れず、あまりに様子の違う母親を見て後ずさりするほどだった。幼稚園の年長児の頃、親子でデパートに出かけた時に、閉店時間に流れる音楽（蛍の光）を聞くと、異常なほどに怖がった。帰れなくなる、建物の中から出られなくなると恐れていたらしい。小学校入学。真面目に学校に通った。教師の指示によく従って頑張り、誰にも優しいと担任から褒められていた。しかし、小学四年頃から、偏頭痛を訴えるようになった。中学に入って最初は、友達も多く、部活は吹奏楽をやるなど、元気に学校生活を送っていた。ただ、二年の秋（八カ月前）、弟が足を骨折して入院した時、母親が付き添い、L子は留守番をしたが、この時L子は母親に向かって激しい口調で「私たちのことは放っておいたくせに！」と責めたことがあったという。三年の四月下旬、学校と塾を休むようになった。級友で部活でも仲良しの女子と喧嘩をしたことがきっかけだった。以来、学校に行けなくなった。中学三年の春学期、筆者のもとに受診となった。アレルギーの他に、心因性の視力低下や偏頭痛など、心身症の既往が多い。

［初回面接時のアンビヴァレンスとその現われ］　初診時の印象では、中肉中背の可愛い少女で、恥ずかしそうで口数も少ない。幼い時から親の顔色をうかがい、自分を抑え、周囲の目には優等生に映っていた。周囲

の評判の割に本人は自信がない。母親は何事にもずばずばと言う人だが、逆にL子は口数が少なくて大人しい。母子関係は表面的で、L子の甘えを母親は感じ取ることがむずかしいようである。母親は顔面チックがあり、緊張が高い。L子は母親の前では駄々っ子のようにしていて、屈折した「甘え」を強く感じさせた。しかし、筆者の前では自分を出すこともできず、過度に同調的な態度を取っている。抗不安剤エチゾラム4mg／日を処方し、数週間に一回母子別々に計六〇分の面接を開始した。

［精神療法過程］　面接で心掛けたのは、母子間の緊張の背後にどのような要因が絡んでいるかを明確にしながら、L子の思いが自由に語られるようになることだった。まもなく浮かび上がってきたのが、L子の母親に対する強い依存と反撥という形でのアンビヴァレンスであった。母親の言動の一貫性の無さを激しく非難するようになったが、その裏にはL子の母親に対する強い依存が感じられた。すると、母親が次第に抑うつ的になり、治療を希望した。筆者は抗うつ剤ＳＳＲＩを処方しながら面接を継続した。L子は母親の言うことがまったくわからないと盛んに言い続けたが、それは「自分がわからない」ということでもあった。母親はL子に自由にさせたいと口では言いながらも、現実にはL子の話を聞く前に先取りしてしまい、結果的に自分の期待を押しつけていた。これまでL子は家庭では母親の、学校では友達の言動をいつも気にかけ、相手の意に沿えるように振る舞ってきたことが明確になってきた。それと同時に筆者の質問に自分の思いや考えをはっきり口に出せない、自分がわからないという思いが浮かび上がってきた。八カ月後、希望の高校に入学も決まったので、治療はここで終結とし、また困った時に受診するように伝えた。

再度受診したのは高校二年の春学期、母子同伴ではあったが自発的な受診だった。ちょうど二年前の初診時と比較すると、随分と自分をはっきりと語るようになり、とりわけ母親に対する批判的態度が強まっているのが印象的であった。母親は相変わらず困惑していて、気持ちが揺れ続けていた。日頃の生活では何をするにも一人ではできず、いつも母親にくっついて行動するほど母親を頼っていたが、口先では激しく母親を批判していた。母子双方のやりとりを聞いていると、母親はL子の心細さからくる「甘え」には気づくことはできず、かといってL子の話をじっくりと聞く耳ももたず、互いにことば尻を捉えて非難の応酬をしていた。L子は面接では次第に自分の気持ちを表現するようになったが、そこで明瞭になってきたのが、「何もかもわからない」「すべてが嫌」という強い困惑であった。

再初診から一カ月後、幼児期のことを聞いていくと、「言うことを聞かないと川に捨てるよ！」と母親に言われたことを想起し、悲しそうに涙を流した。しかし、L子はなぜ涙が出たのか、どんな気持ちが起こったのかわからないと言うばかりで、自分の情動の変化の意味に気づくことも困難であった。この反応に乳幼児期からの母親からの映し返し[*19]が乏しかったことが推測された。以後、面接でL子の気持ちの動きを注意深く感じ取りながら、それを取り上げて一緒に考えていくことを心掛けた。母親もL子の言動に一喜一憂しながら、どうしてよいか困惑の強い状態が続いた。L子は反撥しつつも、はっきりと厳しくどうしたらよいかを言ってもらいたいという気持ちも強いことが感じられた。少しずつ母親がL子の思いを受けとめることもできるようになってくると、母親にくっついて夜も一緒に寝るほどになった。

＊19　ミラーリング mirroring ともいう。子どもの今の気持ちを親が感じとって、それをことばにして返してやること。親子に限らず、二者関係で起こる現象で、このような関係を経験することで、子ども（に限らず人）は自分の今の感情の意味に気づくことができるようになる。

しかし、五カ月後には、面接では自分の気持ちが少しずつ言語化できるようになるとともに、筆者がL子の日常の姿を「あまのじゃく」だと指摘しても、それを素直に受け止めて「そうだと思う」とまで語るほどになった。生き生きとした表情も感じられるようになったが、そのことを指摘しても相変わらず自分では気づかない。

六カ月後、自分からアルバイトを始めると言い出した。するとまもなく印象的な変化が起こった。筆者から「自分のことがわからないみたいだね」と言われて、その時は何を言っているのだろうと思ったが、その日の夜、二時間ほど風呂に入ってよくよく考えたと言い、次のようなことを語り始めたのである。「友達と本気でつき合ったことがない。自分とは違ったことを言われても、自分の意見を言わず、相手に合わせていた。相手に無意識に合わせていたと思う。なぜかはわからない。友達から遊びに行こうと言われると、相手に合わせて付き合っていた。中学、高校に入っても好きな友達に合わせて付き合っていた。家族に対する態度とは違った。どんな仲良しでもこちらからは反論できずに相手に合わせていた。そんなことは幼稚園時代からだったと思う。自分の考えを言って、相手と衝突（けんか）するのが嫌だったからと思う。自分でもこんなことがわかってよかったと思う」、「入浴をしていて、『私、今すごいことがわかっちゃった！』という気持ちになった」と、興奮しながら報告するのだった。L子が熱い思いで筆者に自分のことを語ったのはこれが初めてであった。

八カ月後には、母親が自分の思いを聞く前にいつも先取りして自分の言いたいことを主張するため、何を言っても聞いてもらったという気持ちになれないと、明確に母親を批判するまでになった。その後も筆者はL子の思いを極力映し返すことに努めたが、その結果、L子は自分の気持ちの動きを言葉にすることができるまでになった。そのことを如実に示したのは、今の高校をやめて専門学校で技術を身につけたいとの希望を表明し、その学校のガイダンスに行った時、周囲の生徒の真剣な雰囲気に驚き、「これではいけない、自分もなんとかしなくてはと思った」と率直な感想を述べたことである。「山あらしジレンマ」[*20]を思わせるような、自分も相手も傷つくことを恐れて容易には自分を出せないところはいまだ残ってはいたが、内省的な態度が随分育ったことは確かだった。ちょうど一年経過した時点で、筆者の転勤もあって治療は終結とした。

[まとめ]　幼少期のL子にとって最も衝撃的な体験は四歳の時であったことは間違いないであろう。母親が帝王切開で出産したのだが、生まれた子どもは双生児でかつ一人は死産であったために、母親は心身ともに強いショックを受けている。そんな状態の母親に産院で再会した時のことが生々しく語られている。以来、母親は子どもに対して、子どもは母親に対してどこかしっくりこない関係になったのではないかと推測される。もともと大人しい子どもで、「甘え」を表に現すことはとても少なかったのであろうことは容易に推測できるが、L子は生後一三カ月で妹の出生を経験するなど、早い時期から「甘え」を抑えざるをえない状況におかれていたことがわかる。

そんなJ子は思春期に入ってからの交友関係においても、相手の顔色をうかがうようにして自分を出すことを極力控えて、相手に同調するように振る舞っていたことが語られている。幼少期の「甘え」のアンビヴァレンスが思春期に入ってからの交友関係においても、母親への「変態的な依頼関係」（土居）が波及している

＊20　ショーペンハウエルの寓話から喩えを得て、人と人の間の心理的距離のとり方をめぐる葛藤とアンビヴァレンスを表す精神分析用語である（小此木、一九九三）。

ことがうかがわれるのである。
治療の中で筆者が一貫して心掛けたことは、J子が「自分がわからない」ことに対して、J子の気持ちの動きを捉え、それをJ子に映し返すことであった。感情が高まった時には、「今、何か変化が起こってない？」などと自分への気づきを促していった。そのような働きかけの蓄積が、その後のJ子の「私、今すごいことがわかっちゃった！」という体験に繋がっていったのだろうと思われるのである。「自分がわからない」ことと「甘え」のアンビヴァレンスが深く関係していることを示唆してくれる事例である。

5　青年期後期

●事例9　M子　一九歳、大学浪人

〔主訴〕　気分の波が激しい。いつも不安で、泣きたくなる。友達に出したメールの返事がすぐに来ないとても不安になる。

〔臨床診断〕　不安性障碍（F41.1）

〔事例の概要〕　小学三年の時に父親が病死。その後、今日まで母子二人暮らし。母親が働いて生計を立てている。

この二カ月間、多数の大学を受験したがすべて不合格。高校の仲間の大半はどこかの大学に合格し、大学浪人になったのはM子の他には一人だけだったという。高校一年の時から塾に通い始め、二年になってから受験勉強は本格的にするようになっていた。だからすべて不合格になったことはいたくショックだったという。自分だけ取り残されたような気持ちになり、友達にメールを送ってすぐに返事が来ないと寂しさがどんどん強まるようになった。つらくてどこかに相談に行きたいが、親には何も言い出せない。春になって近くの精神科クリニックを受診したが、薬の処方だけで話を聞いてもらえないので、すぐに通うのをやめた。そんなM子の様子を見て、母親の方も心配し、娘を連れての受診であった。

［初回面接時のアンビヴァレンスの現われ］　一見して甘えん坊であることをうかがわせるほどの甘えた声で話す、未熟な女性である。母親同伴であったので、最初にふたり一緒に会い、話を聞こうとすると、母親を強く意識していかにも話したくないという態度を見せたが、その態度は強い拒否や自己主張とは異なる印象をもった。しかし、その意味が筆者にはすぐにはわかりかねた。

面接をしていていたく気になったのは、自分の症状については説明できず、漠としているにもかかわらず、母親との関係についてては妙に断定的にはっきりとした物言いをするところであった。受診は母親に勧められたからというが、M子は母親の前では話したくないというだけではなく、筆者が母親から話を聞くことも、母親の相談に対応することも、してほしくないとはっきりと要求したことであった。甘えん坊のように見え、母親は何でも話のできる人だと言うにもかかわらず、楽しいことはよく話すけど、つらいことは話さない、つらいことは友達に話す、母親には自分のよいところしか見せられないという。母親に話を聞いてみると、娘に対していつも他人様の前でいい子でいるようにと気をつけてしつけてきたというのである。

［まとめ］　M子は何でも母親に頼っているように見えるし、母子家庭でこれまで母親も娘のことをいろいろと気遣いながら育ててきたのであろうが、いつも周囲の目を気にするあまり、これまで肝心要の娘の悩みやつらいことを母親は受け止めるゆとりがなかったのであろうか。そんな母親に対してM子も常に母親の顔色をうかがい、母親の機嫌を損ねないように気遣いながら生活してきたのであろう。筆者はM子の母親への態

度に、幼少期の甘えのアンビヴァレンスが「変態的な依頼関係」（土居）を生み、それが現在の母親の顔色をうかがうM子の態度に濃厚に反映していると思われるのだ。しかし、M子は次第に自分の中に起きる変化への戸惑いが強まり、それを母親に素直に表現して助けを求めることができないのである。ここにM子の強いアンビヴァレンスを見て取ることはさほど難しいことではない。ただ本事例の治療はすぐに中断となった。

●事例10　N子　二二歳、OL

［主訴］　拒食と過食。

［臨床診断］　摂食障碍（F50）

［事例の概要］　単独での受診である。小学校卒業までは比較的順調な生活を送っていたが、中学生の頃から交友関係で悩むようになり、仲間はずれにされるようになった。それがきっかけで拒食が始まった。以後、拒食と過食を繰り返し、高校二年の頃から治療に通うようになったが、三年の時は比較的落ち着いていた。しかし、大学でも同じように交友関係でトラブルを起こし、再び拒食と過食を繰り返すようになった。どうにか卒業後、OLとして就職はしたものの、相変わらず対人関係で苦労し、体重調整のために下剤を乱用するほどになった。病院をドクター・ショッピングする中で、当院に受診となった。

［初回面接時のアンビヴァレンスの現われ］　清楚な印象の女性で、人当たりも良く、話し方にもそつがない。時折笑顔さえ浮かべ、病気で受診した患者とは思えないほどであった。インターネットを駆使しているのか、摂食障碍についての知識も豊富で、一見物わかりの良さを感じさせた。人間関係について話題を向けると、「好きな人と（嫌いな人とは言わないで）苦手な人がいる。早い段階で無意識に区別してしまう。波長が合うと

よく話す。合わない人とも話すが、どうも相手に伝わっているのかなと思う」と、人間関係にいたく気を使い、とくに嫌われることを極力避けていることが印象に残った。会社の上司からは「バリアを張っている」と言われたことがあるらしい。この人は負の感情を表に現すことを極力回避しているが、そもそも負の感情そのものを体験したことも少ないのではないかと感じられた。すると間もなく、ある人を嫌いだとかそんな感情を話したり、陰口を叩くだけでも自己嫌悪に陥るとN子自身も語るのだった。面接も終わりに差し掛かったので、筆者は「食事をめぐって苦しんでいるのですね」と患者の苦しみに同情の念を示したところ、驚いたことに「いいえ、調子の良い時もあります。時期によっては」と、いつも苦しんでいるのではなく、調子が良い時もあるのだという。患者は苦しいのでなんとか楽になりたいとの思いで受診したのであろうに、いざ面接で治療の方向で話を進めていく段になると、途端に回避的な行動に出たのである。N子には、自分で本当に困っている、淋しい、などの生々しい感情が起こらないところに大きな問題を感じさせるとともに、困っているから他人に頼るという依存的構えもとれないのではないかと思われた。そのことを指摘すると、N子は初めてそのようなことを指摘されたと驚きの気持ちを語っているのが印象的だった。

［**まとめ**］　N子は食事をめぐる問題で受診しているのであるから、自分の困っていることを聞いてもらいたいという思いが前面に出るのが自然であろう。しかし、筆者がN子自身の困っていることに共感的な態度をとり、一緒に考えていこうとすると、思わず回避的反応を示している。ここに示された反応は、事例５（Ｉ男）に対して筆者が共感的にＩ男の気持ちを尋ねた際に見せたＩ男の反応と極めてよく似ている。ドクター・ショッピングの中での受診であったが、初回面接で筆者がN子のアンビヴァレンスを取り上げたことは、N子にとってはこれまでにない体験であったことはその時の反応からうかがわれた。ただ、面接は初回のみで

終わった。

6　成人期

●**事例11　P子　三〇歳**

［**主訴**］　突然胸がドキドキする。手から汗がどっと出る。嘔気、震え、頭がぼーっとする。緊張すると息苦しくなる。

［**臨床診断**］　パニック障碍（F41.0）

［**事例の概要**］　現在の夫と結婚し五歳の子どもを持つ専業主婦。みるからにひ弱で卑屈な感じさえ受ける人である。三歳上の姉（結婚して家庭を持つ）と両親ともに健在で近所に住んでいる。

P子は某精神科病院に六年前から通院して薬物療法を受けていたが、三〇歳になった時、筆者が同病院で引き継いだ事例である。当時数種類の抗不安剤が処方され、症状は以前より軽くなったとはいうが、いまだ苦しいという。カルテには主訴と症状が記載されているだけで、詳しい病歴はほとんどわからないままであった。筆者が行ったP子の面接は一般外来であったため長くてもせいぜい一五分程度で、頻度は月一回であった。

筆者は改めてP子自身から現病歴を聞き直した。すると次のようなことがわかった。

自動車や電車、さらには人ごみの中で主訴のような発作が突然起こる。六年前よりも今は随分良くなったが、発作までに至らなくても、気分が悪くなり、視野が狭くなることもある。そんな時にはどうしたらよいかわからなくなって不安で仕方ない。このように気分が悪くなるのは、生まれつきではないかとまで思う。

嘔気が起こると怖くなる。吐くことへの強い恐怖があるという。

パニックが起こるようになったきっかけは、六年前に姉の運転で姉の子とP子が助手席に乗っていた時のことだった。P子が目を離していた隙に、子どもがそばに置いてあった五〇円玉を飲み込んでしまった。すぐに病院に駆けつけて大事には至らなかったが、悪いことをしたという罪悪感がひどく残り、以来、主訴のような症状が出現するようになったというのである。

［精神療法過程］ その後数回の面接でさらに幼児期の様子も浮かび上がって来た。

P子は早くから保育園に通っていたが、分離不安がとても強かったという。小学校低学年からよく気分が悪くなっていた。そのため給食も食べられないほどだった。小学三、四年の時、とうとう学校に行けなくなり、登校してもよく早退していた。気分が悪くなるからというのが理由だった。今振り返ってみると、何かよくわからないが不安だったのだと思う。

幼少期からずっと、母親は自宅でピアノを教えていた。P子は母親がよその生徒を教えている様子を見ていて、とても相手をしてもらえそうになく、何も言えずに大人しく、ひとりで人形遊びをしていた。自分の寂しい気持ちを口にしたり、何かを要求することもしてはいけないと思っていた。母親がずっと自宅でピアノを教えていたので、家から一歩も外に出ることもできず我慢し、気を紛らわすようにして一人で遊んでいた。

姉もP子も母親にピアノを教えてもらっていた。姉は要領もよく、すぐに上達していたので、母親の期待は大きかった。しかし、P子はさほど上達もせず、母親は失望していた。ただそのおかげでP子は自分の好きなことができて、中学生の時は楽しかったという。姉は母親に期待されすぎて、途中で嫌になってピアノを止めた。

息子が通っている幼稚園で集会があると不安になる。人前で発作が起こるのではないか、周りから変な目で見られるのではないかとの思いが強い。その他、発作が起こりそうになるのは、車を運転していて渋滞した時、何かで怒りが出そうになった時で、そこで怒りを抑えると、全身がガタガタ震えるというのであった。

小さい頃も今も気持ちが悪くなる感じは同じだという。小学生の時、具合が悪いことを母親に訴えると、「うるさい！」「また（具合が悪いの）ね！」と怒られていた。そんな時、夜になると不安になって眠れなくなっていた。

このように幼少期、苦しくてもつらくても母親に直接何も訴えることができず、突き放されていたにもかかわらず、P子はなぜかいまでも「母親は大好き。母親は強い人だ」と述べるのだった。

最近母親と一緒に外食に行った時、具合が悪くなったことがあり、昔を思い出した。しかし、母親には何も話せなかった。そばに母親がいると何も言えなくなる。母親がいなくなって夫や友人の前だと何でも言える。

半年ほど経過した頃である。次のようなことを語り始めた。

子どものことで憂うつだという。子どもは周りの子にいじめられているようだ。変な子だと言われている。どうも他の子どもと比べるとおかしいと思う。周囲の子どもたちを笑わすようにはしゃいでいる。ご飯の途中でも遊び始める。すぐに他のことに気が移る。駄々っ子だ。だから恥ずかしい。

自分は何に悩んでいるかわからなくなることがよくある。子どものことを考えると、意欲が出ず、体調も悪くなる（涙）。自分が何を言いたいのか考えると苦しくなり、考え込んでわからなくなる。子どもに何か一言声をかけてやれば良かったのに、と自分を責める。

小さい頃、母親がピアノを教えていたので相手をしてもらえず、もじもじして一人で遊んでいた。だから自分の子どもが外で遊んでいると、どうしてやればよいかわからない。結婚して以来、外出をあまりしていない。人付き合いがつらい。自分を出すと、周りから変な目で見られるのではないかと気になってひどく緊張する。子どもに対して、あるいは他人に対して、素直に自分を出すということがどういうことかわからず、どのように振る舞ったら良いのかさえわからない。そんな苦しい心情が明らかになった。

短時間の面接でもあったので、これまで筆者はP子の話を丁寧に聴くだけに努めていたが、これまでずっと筆者はある種の違和感を抱いていた。P子の話に筆者が感想や考えを投げかけると、P子は間髪入れずにすぐさま応えていたからである。それはまるで幼児が母親の顔色をうかがいながら、母親の言うことにすぐさま同調して振る舞う姿を彷彿とさせるものがあった。そこで今回初めてそのことを取り上げて筆者は次のように語った。

「いつも感じていたのだけど、あなたは私が何か感想を述べたり、意見を述べたりすると、すぐに反応して答えられますね。相手から言われたことをしばし考えてから応えるということがないんですよね。どうしてでしょうかね。」

するとP子はそんな自分は母親の影響であることにすぐに気づき、ついには自分が母親に飲み込まれてしまっているということまで語るようになった。

筆者はなぜこんな時期になって初めてこのことを取り上げたかといえば、時間の関係もさることながら、次第にP子が自分の訴えを涙ながらに切実に語り、どうしてよいかわからないという頼りない感情 helplessness feeling を強く感じさせたからである。

すると一カ月後の面接では、いまだ腹部の具合が悪く、嘔気がして苦しいと訴えつつも、今の苦しみと子ども時代の自分の苦しみを重ね合わせながら次のように語った。

今のように身体の調子が悪くなって苦しくなったのは、小学生の時からだった。当時、保健室登校をしていて、頻回に早退していた。苦しいことを母親に訴えると「またね！」と怒られるので、ひとりで布団に入って黙って寝ていた。とにかく我慢していて、母親の前では笑顔で取り繕っていたというのである。

それを聴いていた筆者は「そんなところが今のあなたの面接にも伺えますね。こちらの話をすぐに鵜呑みにして笑顔で苦しい話をしてしまう。そんな習性が身に付いてしまっているのですね」と。

するとP子は思い出したようにして、先日姉と会った時のことを話し始めた。自分はいつも母親の顔色を伺っていて、怒られるのが怖いから、夜遅くなりそうになると、祭りの最中にもかかわらず帰らねばとすぐに言ってしまう。今は母親とは同居していないにもかかわらず、母親の姿に怯えているというのである。

さらに続けて、今まで話したことがなかったけど、と前置きして次のようなことを語り出した。母親は自分が苦しかった時ある新興宗教に救われて以来、信心深くなり、子どもにはその宗教のお祈りをするだけで救われるのだと信じきっていた。だから病気になっても病院に連れて行ってくれなかった。苦しくても「大丈夫？」と声をかけてくれることはまったくなかったという。こんな話をしながらも、途中で筆者の方に顔を向けて、時間は大丈夫ですかと面接時間を気にしているところにもP子の気遣いの強さが伺われた。

以来、面接でP子は以前よりもゆっくり落ち着いて語ることができるようになり、次第に自分を少しずつ取り戻すことができるようになっていった。

［まとめ］ 幼少期、Ｐ子は母親に「甘えたくても甘えられない」状態にあったことは、彼女の語りから充分に伺えるが、彼女が自分の不安を少しでも和らげるために取った母親への対処法は、自分の気持ちを押し殺して母親に言われたことに対して従順に振る舞うことであった。それは「蛇ににらまれた蛙」のごとく、母親に飲み込まれてしまったＰ子の姿であった。

そのことが現在の面接場面で、筆者の語りかけることに間髪入れずすぐに応じるＰ子の対人的態度によく反映していた。彼女がどうしてよいかわからず追いつめられていた時、筆者がそのことを取り上げたことによって、Ｐ子は今の自分が幼少期の自分といかに繋がっているかに気づくことができた。そのことによって彼女は次第に落ち着きを取り戻し、少しずつではあるが、治療は改善の方向に進んでいったということができるのである。

この事例は一般外来での診療で、本格的な精神療法にはほど遠いものであるが、それでも短時間の面接の中で筆者が何に注目したかがよく示されている。患者の「何を語るか」に注目するのではなく、「どのように語るか」、「どのように応じているのか」ということがより大切だということである。面接では患者と治療者の二者間で語り合うが、そこで大切なことは、語られた内容ではなく、相手の話の受け止め方、間合いの取り方といった対人的態度である。実はそこにこそ患者の幼少期に母親とのあいだで体験した「甘え」にまつわるこころの動きが如実に反映しているからである。そのことに焦点を当てて治療を進めることによって、患者は自分の思いを出しやすくなり、治療関係はぐっと深まっていくものである。それはなぜかといえば、患者と治療者のあいだに情動レベルの深いつながりが生まれるからである。

●事例12　Q男　三三歳

［**主訴**］　アスペルガー症候群ではないか。

［**臨床診断**］　社会恐怖（F40.1）

［**事例の概要**］　妻と生後六カ月の子どもとの三人暮らし。両親から受け継いだ接客商売の会社を営んでいる。最近のニュースで、アスペルガー症候群の大人が冤罪のため裁判沙汰となったことを知り、自分のことと重なった。ことばの裏の意味がわからず、コミュニケーションがとれない障碍だと知って、自分もアスペルガー症候群ではないかと心配になって受診したという。今困っているのは職場で従業員とのコミュニケーションがうまくゆかないことである。そのため不眠がちだともいう。接客にも自信がないので、裏方に引いているが、仕事の腕には自信がある。経営者として経営にも参画している。従業員との折り合いがうまくつかない。はっきりと物を言う方で、相手が傷つきやすいのかとは思う。世間話など、たわいもない話はしたくない。そんな自分に悩んでいるというのである。

［**初回面接時のアンビヴァレンスの現われ**］　日頃の対人関係を振り返って次のように語り始めた。自分の言い方はきつくはないが、はっきりと物を言う方である。そのために相手が傷つきやすいのかもしれない。相手から不満を言われやすいのはそのためではないかと思っている。最近、あるスタッフから経営システムとしてひとつの新しいやり方を提案された。提案したスタッフは自分でやりたいとも主張し始めた。経営者としてはスタッフのみにやらせるわけにはいかない。自分が経営者だから自分が中心となってやらなければと思っている。しかし、スタッフはあくまで自分でやりたいと主張する。こちらとしては言うべきことは言っているが、なかなか話がうまく進まないので困っている。

さらにQ男は日頃から人と会話をしていて強く思っていることがあると言って以下のように語った。

「今の時代は単に技術だけで勝負することはむずかしく、客は店のホスピタリティも求めている。しかし、自分はなぜか雑談などのたわいもない話はしたくないという気持ちが強い。でもその一方で、そんなたわいもない話ができない自分に悩んでいる。だから、昨今の客のニーズに応えられない自分は接客業に向いていないように思う。」

Q男の対人関係の悩みの中心は、気楽な気持ちで何気ない会話ができないところにあるが、それは情緒的な関わり合いが難しいということである。どうしても遊びのない対話となってしまいやすい。そのことがことさら相手との関係を対立的なものにしやすいのではないかと思われたのである。

面接の後半、筆者はQ男の子ども時代について尋ねていった。すると早速、昔のことで真っ先に思い出すのは次のようなことだと語り始めた。小学校四、五年頃、友達と一緒に学校から帰る時、自分から話さなければと思いつつ、それができないで黙って帰っていたことを思い出す。今日までずっとそんな気持ちが続いている。これは自分が他人に認めてもらっていないという思いと関係があるかもしれないとも感じているというのである。

そこで両親との関係を尋ねていくと、両親はふたりとも今も店舗に顔を出して働いているので、時間を共に過ごすことが多い。今でも自分は両親に迷惑をかけてはいけないという思いがことのほか強い。その例として、若い頃修行のために他の店で腕を磨いていた際、よく親からいろいろな物を送ってもらっていたが、自分が頼んでいない物に対しては、つっぱねて返したり、拒否したりしていたというのである。

さらに幼児期に話題は移っていった。生まれてから三歳になるまで、両親は共働きをしていた。生後数カ月から半年までの間、新幹線で二時間ほどもかかる伯父（父親の兄）の家に預けられていた。両親は店の仕事が忙しくて子どもの面倒がみられないという理由からだったというが、それ以上詳しいことは語らなかった。小学校に入ってからも四年生になるまで何度か同じことを体験したという。

ふと三歳時のことを思い出したという。砂場で友達と遊んでいた時、伯父さんに何かでちょっかいを出したらひどく怒られたことがある。しかしなぜ怒られたのかは思い出せないともいう。

このようにQ男は面接の中で次第に思春期から学童期、さらには乳幼児期へと過去に遡って記憶が想起されていった。初回面接であったがゆえに、なぜ両親が子どもを親戚とはいえ遠方に預けてしまったのか、単に仕事が多忙ゆえとはとても思えない。よほど何か特別な事情があったであろうことが推測されるのである。妻子持ちの男性であるが、子どもはいまだ乳飲み子である。それもQ男自身が親戚に預けられた時期に相当する。このこともQ男に当時の体験を想起させやすくしているのであろう。

Q男の面接での印象は、おどおどした感じは全く見られず、もの静かで落ち着いた男性である。体格もしっかりしていて、見るからに頼もしい感じを受ける。話し方にもそつがない。こちらの質問にも誠実に考えて一言一言丁寧に話す。内省的で、素直。こちらも安心して感じたことを話すことができる。

しかし、ユーモアやゆとりはなく、いつもまじめな話し方で、腰が据わっているというよりも、重い空気を周囲に伝えるので、生真面目な雰囲気になりやすいのであろう。相手はQ男に対して、ある種の怖さを感じとっているかもしれない。その結果、相手は多少なりとも警戒的になることもあるだろうと思われた。

複雑な事情で乳幼児期に「甘え」体験を享受できなかったQ男であるが、その後の成長過程で彼に「甘え」のアンビヴァレンスと思われる一面がとてもわかりやすく顕在化しているのは、思春期・青年期にとった両親に対する態度である。「よく親からいろいろな物を送ってもらっていたが、自分が頼んでいない物に対しては、つっぱねて返したり、拒否したりしていた」という。Q男が両親に対して取ったこのような態度は子どもであれば「拗ねている」と思わず言いたくなるような反応である。両親の気遣いに対してことさら拒否しようとするところに彼の屈折した「甘え」を見て取ることができるのではないか。

このようなことを指摘すると、親に対して素直になれない自分に気づいていった。反抗心が今なお続いているのは、親が自分の存在を認めてくれていないという思いが強いからだと言うまでになった。

Q男は両親に対する「甘え」を否認し、強がってはいるが、内心はとても心細いのであろう。ゆとりがなく、遊びのないハンドルで運転をしているような状態といってもよい。アンビヴァレンスが強いために、気負いがちになり、他者との関係はどことなく対立的になるのであろう。周囲の人たちが思わず警戒的な構えを示しやすいのもそのようなことが関係しているのではないか。

筆者はQ男にこのような内容を話していった。するとQ男はいたく納得して、自分の両親に対する思いを省みることができたのである。とても満足し、今回の面接のみで治療は終了となった。

［まとめ］ 両親に迷惑をかけたくないという強い思いから、修行中の両親からの贈り物をことごとく拒否しているが、そこに親に対する屈折した「甘え」、つまりは「拗《す》ねる」という行動を見て取ることができるであろう。甘えを知らずに育ったQ男が両親に対して甘えることに否定的な気持ちを抱き続けてきたのであろうが、「甘えたい」気持ちはなくなっていない。そのため「相手の出方に自分の感情が鋭敏となり、結局は自分の気持ちが相手によって左右されるという変態的な依頼関係が成立する」（土居）ことになるのだ。今のQ男の対人不安の背景には、自分の弱味を人前で素直に出せないという一面が大きく関係していると思われるが、

それは幼少期からの母親に対する「甘え」のアンビヴァレンスが深く繋がっていることがわかる。

二　初期面接で捉えられたアンビヴァレンスの諸相

乳児期に母子関係の中で生まれるアンビヴァレンスが学童期以後、母子関係の中で、あるいは〈患者-治療者〉関係において、どのような形で表に現れるか、各ライフ・ステージでの具体例を通して見てきた。もう一度振り返ってみることにしよう。

学童期の**事例1（E子）**では、自分の言いたいことがあっても、いざ母親に向き合うと途端に自分を引っ込めるというわかりやすい形で「甘え」のアンビヴァレンスが示されている。

しかし、**事例2（F男）**ではかなり屈折していることがわかる。母子と筆者の三者面接の中で、筆者がF男に尋ねると、すぐに回避的反応を示し、母親に頼っていくが、筆者が母親に向かって話し始めると、途端に二人の間に割って入ろうとしている。そこに示されているゲシュタルトは、「向き合おうとすると途端に回避的になるが、突き放されると接近する」というものである。そこに「甘え」のアンビヴァレンスを見て取ることができるのである。

前思春期になると、**事例3（G子）**では外傷的体験が契機となって不登校となり、次第に退行的になっていったのであるが、なぜか母親に対して素直に甘えることができず、「甘え」を出してはすぐに母親に謝るという行動でアンビヴァレンスが示されている。G子にとって「甘え」を表に出すことは罪悪感を刺激するのであろう。

事例4（H子）では、母子と筆者との三者面接の中で、筆者がH子に質問を投げかけると回避的になるにもかかわらず、筆者が母親に向かって話しかけると、途端にふたりの間に割って入っている。学童期の事例2（F男）で認められたアンビヴァレンスとまったく同質の現われである。

思春期・青年期の前期に入ると、次第にアンビヴァレンスの現われも変化を遂げている。**事例5（I男）**では一対一の面接の中で、筆者がI男に対して共感的に関わるようにして心理的に接近すると、すぐにI男は筆者から回避するようにして筆者の質問に否定的な応答を示している。ここに一歳台に認められる母親の接近に対して思わず回避するという動きのゲシュタルト[*21]との相同性を見て取ることができよう。**事例6（J子）**では、さりげない態度で婉曲的に母親に接近する行動に、J子の「甘え」のアンビヴァレンスを見て取ることができる。双方とも自分の思いを直接的に表明することには強い躊躇がある。

思春期・青年期も中期に入ると、面接の構造も一対一の二者面接が基本になる。そのため、母親に対する「甘え」のアンビヴァレンスは表立って認めがたくなる。通常の〈患者‐治療者〉関係の中でアンビヴァレンスを捉えることになる。

事例7（K男）では、事例4（H子）と同じように、三者面接で筆者はK男に直接話を向けると何も語れな

＊21　九二頁参照。

いにもかかわらず、母親と話そうとするとすぐに間に割って入り何かと不満めいたことを語るところにアンビヴァレンスが如実に示されている。

事例8（L子）では、幼少期から母親に対する強いアンビヴァレンスが認められているが、面接の中での中心的な課題として浮かび上がってきたのは、「自分がわからない」「自分がない」という「自分」を巡る問題であった。

思春期・青年期も後期になると、**事例9（M子）**では未だに幼さを残し、母親の顔色を伺い、一見母親に依存的であるように見えて、実際には自分の不安や悩みを母親に受け止めてもらうことには強い躊躇が働いている。そこにM子のアンビヴァレンスを見て取ることができる。

事例10（N子）では、事例5（I男）の場合と同じように、筆者が共感的な質問を投げかけて心理的に接近した途端に、思わず否定的な応答で回避的態度を取っている。

事例11（P子）では、初期面接で明瞭なかたちでアンビヴァレンスは浮かび上がってこなかったが、その後の面接で筆者にすぐに同調して応答するところにアンビヴァレンスが強いことを見て取ることができる。

成人期の**事例12（Q男）**では、幼少期の「甘え」が享受されないままに、両親の期待に応えるようにして仕事を発展させてはきていたのだが、次第に対人緊張と不安が押し寄せている。冗談が言えないなど、砕けた感じの情緒的なやりとりをすることができず、従業員と対立的になりがちになっている。「甘え」の享受が難しかったために、両親に対してつい強がりを示しているが、これは屈折した「甘え」つまりは「拗ねる」行動であったがために、従業員に対して自然に接近していくことが難しい。そこにQ男のアンビヴァレンスを見て取ることができるのである。

三　精神療法過程からみたアンビヴァレンスの変容過程

先に乳児期における母子の二者関係で生起したアンビヴァレンスについて、さらにはその対応とその後の経過についても示した。そこで浮かび上がってきたのは、初期には子どもの母親に対する行動としてのアンビヴァレンスであった。しかし、それを誘発しているひとつの要因として母親の過剰に積極的な関与を捉え、それに対する介入により、母親の過剰な関与が背景に退くと、子どもの「甘え」は目に見えるかたちで表に現れるようになっている。しかし、非常に興味深いのは、精神療法過程で子どものアンビヴァレンスを扱うにつれ、次第にそれに代わって前景に浮かび上がってきたのが母親自身の幼少期に起源をもつアンビヴァレンスであるということである。この母親にみられるアンビヴァレンスはまさに母親自身の「個」の中に生起した本来のアンビヴァレンスそのものということができるが、ここで重要なことは母親自身のアンビヴァレンスがこのような形で具現化されているのも、子どもとの関係の中での現象であることだ。ここに、本書のテーマである「個」の病理と考えられている多様な精神病理の発生的起源が「関係」起源のものであることを示していると言えるのである。

では学童期以後ではアンビヴァレンスはどのような変容過程を辿るのであろうか。ここに提示した事例で、精神療法過程を詳述したものは、事例1（E子）、事例3（G子）、事例4（H子）、事例6（J子）、事例7（K男）、事例8（L子）、事例11（P子）、事例12（Q男）の八例である。

事例1（E子）では、母親に向かって自分を表に出すことができなかったが、母親に子どもの気持ちを代弁して伝えることで急速に関係は修復に向かっている。母親の気づきと対応が功を奏し、治療は短期間で収束に向かっている。

しかし、**事例3（G子）**、**事例4（H子）**ではさほど容易に治療は進展していない。子どものアンビヴァレンスが緩和していく中で、それに代わって、母親自身の幼少期に起源をもつアンビヴァレンスが浮かび上がってきている。治療の中で子どものアンビヴァレンスが緩和され、自己主張がみられるようになると、それに代わって母親自身のアンビヴァレンスが浮かび上がり、それが治療の中心になってゆく。ここに「甘え」体験の質が世代を越えて伝達していることが示されている。

事例6（J子）では、事例12と同じように、母親に子どもの「甘え」を代弁して伝えることで、容易に母親も気づくことができ、母子の関係修復もさほどの紆余曲折もなく進んでいる。

事例7（K男）では、筆者に対して一歩引いている態度を取り上げたことが大きな契機となって彼は母親への不満や怒りを出すことができるとともに、次第に自分を取り戻すことができるようになっている。

事例8（L子）では、それまでの事例と比較すると、かなりの長期間を要している。L子自身の「自分」をめぐる問題に直面していたがために、治療の中でそれを扱うことが求められたからだが、それは「甘え」と深く関係していることが治療経過の中で明確に示されているのである。

事例11（P子）では、筆者の話にすぐに同調して応答する彼女の対人的態度に、母親に対する強いアンビヴァレンスを見て取ることができるが、筆者がそのことを、彼女が非常に追いつめられて心もとない心的状態 helplessness feeling になった時に取り上げることによって、彼女は安心して自分を語ることができるようになっている。

最後になるが、**事例12（Q男）**の成人例は興味深いものがある。Q男の青年期における親に対する思いは「親には迷惑をかけてはいけないという思いが強い。専門学校卒業後の修行中、親からいろいろな物を送ってもらったが、自分が頼んでいない物に対しては、つっぱねたりしていた」というものである。筆者はQ男のこのような表現に「拗ねる」という屈折した甘えを感じ取り、それをQ男に投げかけている。すると、いたく納得して面接は終わっているのである。

四 「関係」の中のアンビヴァレンスから「個」の中のアンビヴァレンスへ

もともとアンビヴァレンスの意味するところは、「個」の病理としての相反するこころのありようを述べたものである。しかし、一見するとその人個人の内部にそれが働いているかのように捉えがちであるが、実際にそれが具現化するのは「関係」の中であることに注目する必要がある。それは外的対象としての現実的他者であることもあれば、内的対象としての他者であることもあるのだが、どちらにしろ他者との関係の中で、アンビヴァレンスは立ち現れるものなのである。

そこで問題となるのは、「個」の中に生起するアンビヴァレンスが、いつどのようにして生み出されたのかということである。この問題こそ、本書の最も重要なテーマなのだ。

滝川氏の疑問にも示されたように、本来の定義に基づくアンビヴァレンスが「個」の中に生起するものであるとするならば、筆者が本書で明示した乳児期から思春期頃までの母子関係そのものの中に現出するアンビヴァレンスはどのように考えたらよいか。「関係」の中のアンビヴァレンスとするならば、「個」に生起するアンビヴァレンスとどのような関係にあるかということである。このことは、考えてみればすぐにわかることだが、「関係」の中で生起するアンビヴァレンスが最初に生まれ、その後に「個」の中にアンビヴァレンスが立ち現れる。したがって、本書で示してきた乳児期に立ち現れる「関係」の中のアンビヴァレンスは、発達論的観点からみていくと、その原初段階でのアンビヴァレンスとみなすことができる。したがって、この乳児期のアンビヴァレンスのゲシュタルトを明確に把握することによって、その後のアンビヴァレンスの立ち現われを容易に把握することが可能になり、そのことは精神療法における転移と解釈の道を切り拓いてくれることになるのである。

文献

小此木啓吾（一九九三）「山あらしジレンマ」加藤正明ら編『新版精神医学事典』弘文堂、七八四–七八五頁.

World Health Organization (1992). *The ICD–10 Classification of Mental and Behavioural Disorders*. Geneva: World Health Organization. 融道男・中根允文・小見山実監訳（一九九三）『ＩＣＤ–10：精神および行動の障害』医学書院.

V

精神療法でアンビヴァレンスを扱うことの治療的意義

一　精神療法の初期段階でアンビヴァレンスをいかに捉えるか

「甘えたくても甘えられない」こころのゲシュタルト

本来のアンビヴァレンスは「個」の中に生起するこころのありようとして定義されたものであるが、それを乳幼児期早期の母子「関係」の中で認めることを筆者は本書で示してきた。それは具体的には次のような形で具現化している。

子どもは母親と離れていると心細くなって、甘えたそうな仕草を示すが、いざ両者が接近して子どもが母親に抱かれる段になると、途端に回避的態度を取るようになる。

筆者はこのような現われを本書で**「関係」の中でみられるアンビヴァレンス**と称した。そしてそれを**アンビヴァレンスの原初段階の現われ**とし、その際の子どものこころの動きの**ゲシュタルト**は「甘えたくても甘えられない」と描写することができると考えた。この段階で子どもの思いがどのようなものか、そのことを本人自らことばで表現することは不可能であるゆえ確認することはできない。その意味では「甘えたくても甘えられない」と筆者が表現したのはメタファであるとも言うことができる。「甘え」というものを文化的に身に纏って生きてきたわれわれ日本人だからこそ、このようなメタファが可能になるのである。
土居健郎は神経質患者に対して、

「甘えたくとも甘えられない心」という言葉で表現し得るような精神状態の一つのゲシュタルト（Gestalt）は神経質患者に特有なものである。（土居、一九九四、二五頁）

ことを見出したと述べている。つまり土居もある共通したこころの動きのゲシュタルトを神経質患者に見出し、それを「甘えたくとも甘えられない」と表現していることがわかる。あるゲシュタルトを感じ取ることを可能にしているものこそ、原初的知覚だと再三にわたって述べてきたが、その意味では「甘えたくとも甘えられない」との表現はまさにメタファそのものということができる。筆者が乳児期の子どもと母親との関係の中に、同じこころの動きを見て取り、「甘えたくても甘えられない」と表現したものは、土居が体感したことを、母子関係そのものの直接観察（関与観察）を通して示したものだということができよう。

土居は「甘え」のアンビヴァレンスを成人期患者のみを対象に捉えてきたことはすでに本書でも指摘してきたが、筆者は乳児期から成人期までのあらゆるライフ・ステージにわたり、多様な精神病理を示す患者の中にも同様のこころの動きのゲシュタルトを掴み、提示してきた。ここで捉えた共通のゲシュタルトは、

二人（母と子、あるいは患者と治療者）が離れていると互いに引き合うけれども、いざ接近し合うと離れてしまうという相互の動き

として表現することができる。これはゲシュタルトとしては共通だが、その具体的な現われはライフ・ステージによっても、精神病理の質によっても、多様性を帯びたものになっていくことを本書にて示した。それはいくつかの形に分けることができるように思う。

第一には、こちらが相手をしようとすれば、拒否的態度をとりつつも、放っておこうとすると（つまりは突き放そうとすると）途端に近寄って相手を求めるという**「あまのじゃく」**と表現しうるような態度を取るものである。

第二には、遠くにいると心細いのに、いざ接近すると互いに傷つけ合うことを恐れて接近できないという**「山あらしジレンマ」**[*22]の形を取ることもある。このような事例は本書ではさほど多くは示していないが、筆者はそれまで自閉症を中心とした発達障碍を対象に同様の観察を行い、これまでにも幾度となく小書『自閉症と行動障害』（岩崎学術出版社）などで示してきた。自傷や他害を示す行動障碍の事例に、その典型的な表現型を見て取ることができる。

「あまのじゃく」と「山あらしジレンマ」の大きな相違点は、前者が対人接触場面を回避することにあるとすれば、後者は同様の場面で回避することが困難となり、ジレンマが高じて深刻な行動障碍を呈することが多い。いずれにせよ両者ともアンビヴァレンスの表現型であることに本質的な違いはないが、後者の方がアンビヴァレンスの程度は圧倒的に強い。

第三に、面接中、治療者が患者に対して共感的態度で語りかける際に、つまりは患者と治療者との心理的距離が接近すると、患者は思わず回避的反応を見せるという極めて繊細な形で表に現れることもある。このような場合は、治療者のみしか、その微妙な変化を感じ取ることができないかもしれない。日頃から回避的な対人的構えを取り、なかなか他人と馴染みにくい人たちである。

第四に、どことなく遠慮がちで婉曲的にしか自分の「甘え」を表に現すことができず、治療者が自分の方に心理的に近づくと、途端に自分を引っ込めるような表現型である。まるで亀のように用心深く周囲の様子を窺いながら頭を出し、何かあるとすぐに引っ込めるのだ。しかし、このアンビヴァレンスはさほど複雑に屈折した「甘え」ではないので、治療者がそのことを指摘すれば、相手（母親や患者）は比較的容易に気づくような性質のものである。

以上述べたこれらの具体的なアンビヴァレンスの現われは、それぞれ表現型は異なっているが、そこに共通して先述した相同的なゲシュタルトを捉えることができる。このように二者、あるいは三者関係の中で、ゲシュタルトとしてこころの動きを関係の変化として捉えることで、このようなアンビヴァレンスは比較的容易に掴むことができる。

なぜここで筆者がゲシュタルトとして捉えることを強調するかといえば、それを可能にするものこそ力動感[*23]だからである。患者のこころの動きをゲシュタルトとして感じ取り、それを〈患者 - 治療者〉関係の中の変化としてアクチュアルに捉え、その意味を読み取ることこそが、「甘え」のこころの動きを見て取ることに

＊22　側注20（一六一頁）を参照。
＊23　第Ⅱ章第3節、特に七二頁以降を参照。なお原初的知覚については小林（二〇一三）に詳しい。

繋がっていく。なぜなら、動きの変化としてのゲシュタルトを捉える際には、必ずそれに伴う情動の変化をも感じ取っている。それはわれわれ日本人には「甘え」にまつわるこころの動きとして表現できる体験知だからである。

なぜアンビヴァレンスを捉えることはむずかしいか

土居（二〇〇九）は（集団）精神療法の中で患者の心の動きをとらえる際に非言語的コミュニケーションに注目することを力説する中で、

このような微妙な手掛かりを捉えるためには、治療者自身、十分「甘え」の心理に習熟していなければならない。言い換えれば自分のアンビヴァレンスが見えていなければならない。そしてそれこそ最も困難なことであるといわなければならない。（『臨床精神医学の方法』二七頁）

と指摘している。アンビヴァレンスを捉えることが誰にとっても容易でないのは、「甘え」の心理、とりわけそのアンビヴァレンスの心理に習熟していなければならないからである。そしてそれを難しくしているのは、原初の「甘え」体験が言語獲得以前の段階のものであるため、それに気づかないまま日常生活を送っていることが大半だからである。よって、「甘え」のアンビヴァレンスに習熟するということは、何か新しい技術を誰かに習って身につけることとは本質的に異なったものである。誰もが幼少期に大なり小なり体験し、身に覚えのあるアンビヴァレンスに内省しながら気づくという作業を繰り返すことでもってしか獲得することができない性質のものである。治療者自身が身をもってその心理を体感して初めてわかる。けっして知的に理解すれば身につくというものではないのだ。ここにアンビヴァレンスに気づくことが困難である最大の理由がある。

アンビヴァレンスの心理に習熟するためにはどうすればよいか

第I章（二〇-二一頁）で、土居は自らの乳児期体験の中で、なぜ母親は自分に母乳をやることを嫌がったのかという問題意識が生まれ、以来生涯にわたってそれが持続していたことが、「甘え」に関する深い洞察を生み出す原動力になっていることに触れたが、このようなことは誰にでも容易にできることではない。

しかし、だからといってけっして悲観的に捉える必要はない。知的に小難しい理論を勉強しなければ身に付かないような代物ではないからである。日頃は自分の中（意識下）に眠っている体験としてのアンビヴァレンスの心理をことあるごとに意識化するように努めることである。日頃から自分自身の内面に向き合うということである。おそらく土居が強調したかったのはこのことだろうと思われるのである。

ただ筆者の経験から言えることは、筆者のアンビヴァレンスに対する感度が格段に高まった最大の理由は、乳幼児期の母子関係そのものを丁寧に観察し続けてきたことにあると思っている。そこで繰り広げられている母子交流場面で、子どもが母親に対して示すさまざまな反応を見ていく中で、子どものこころの動きを感じ取っていると、その大半が母親に向ける「甘え」にまつわるこころの動きであることがわかった。そうした子どものこころの動きを体感し、意識化することである。そこでは必ず自分自身の過去の「甘え」体験が呼び覚まされる。このような作業を繰り返すことが、結果的にアンビヴァレンスの心理に習熟することに繋がると考えられるのである。これまでの筆者の教育経験を振り返ると、このことはさほど困難なことではない。肝心なのは、自己の内面に潜むアンビヴァレンスに気づくことである。正解をどこかから探し出して得られるような性質のものではないのだ。

精神療法的態度としてもっとも重要なことのひとつに、「関与観察」(Sullivan, 1954) があるが、そこでは治療者自らが主体的に関与し、そこで起こっている事象を客観的に捉えつつ、同時に自ら感じ取ることが求められている。ここで「治療者自らが主体的に関与すること」が最も困難かつ重要なことであるが、まさに「甘え」体験への気づきもこの主体的な関与が求められるのである。

二　精神療法においてアンビヴァレンスを扱うことの意味

アンビヴァレンスは関係の病理である

「個」にみられるアンビヴァレントなこころのありよう、すなわちアンビヴァレンスはこれまで述べてきたことからも明らかなように、「関係の病理」として捉えることが重要になる。それは原初段階での乳児期の母子関係にみられるアンビヴァレンスがその原型になっているからである。それは生涯発達過程において、どのような状況の変化にもかかわらず、対人関係の中で同様のこころの動きのゲシュタルトとして面接の中で捉えることが可能になる。これこそ**「転移」**の本質である。土居がいみじくも精神病理を「関係性の障碍」

（土居、二〇〇九、一七〇頁）として捉えた姿勢に、筆者がいたく共鳴するゆえんはここにある。

土台が育ってこそ、その上部を組み立てることができる

これまで幾度となくアンビヴァレンスは原初段階での対人関係の中で生起することを述べてきた。このことは人間の精神発達とその障碍（病理）を考える際に、殊の外重要性を帯びる。鯨岡（二〇〇五）が指摘したように、発達障碍においては、土台が育ってその上に上部が組み立てられるという一般の発達の動きが阻害されている。それゆえ、人間関係の原初段階で生起するアンビヴァレンス、つまりは人間関係の生成過程のつまずきがその後の精神発達過程においていかに深刻な事態をもたらすかは、虐待臨床を持ち出すまでもなく、明々白々なことだということができる。したがって、アンビヴァレンスを多様な精神病理の基盤に見て取り、「甘え」を切り口に、精神療法の道を切り拓くことができるのは、そのような根拠があってのことなのである。

メタファと転移と解釈

精神療法過程で筆者が「いま、ここで」起こっているアンビヴァレンスをアクチュアルに捉えて、その場で取り上げることがなぜかくも大きな治療的影響を及ぼすのであろうか。

治療者が患者の原初段階でのコミュニケーションとしての「甘え」の世界を掴みとり、そこに照準を合わせていくと、それが的を射たものであれば、「甘え」という情動を中心とした原初的コミュニケーション世界での関係がそこに切り拓かれるからである。すなわち患者のこころの動きのゲシュタルトを感じ取る時、患者と治療者、双方に相同性のゲシュタルトが生起している（立ち上がっている）ため、そこに情動を介した**「共**

感」的関係が生まれることになる。

〈患者－治療者〉関係の中で、患者のこころの動きのゲシュタルトを取り上げることは「**転移**」そのものである。そこで治療者が患者に対して、そのアンビヴァレンスのこころの動きのゲシュタルトをいかに言語化して映し返すか、そこにこそ、メタファが果たす重要な役割を見て取ることができるし、それが転移の「**解釈**」というものだと思う。

三　精神療法においてアンビヴァレンスをどう扱うか

第Ⅱ章第3節（七六－七七頁）でも取り上げたように、土居は

同一化できるということは「甘え」を知っているということでもある。治療者は自分の「甘え」がわかっているので患者の「甘え」を、たとえそれが単なるほのめかしであっても、患者自身はそれを自覚できないでいる場合もキャッチすることができる。大体「甘え」というものが本来無自覚なのだ。もちろん同一化も同じことである。治療者はしかしそれが自覚できるのでなくてはならない。無自覚で始まっている「甘え」にせよ同一化にせよ、それを萌芽の状態でとらえることが肝要である。それでこそ本当の治療者である。かくして初めて重い病理の患者も治療関係に入ることができるのではないかと私は考える。（『臨床精神

医学の方法』一二三－一二四頁）
と述べ、アンビヴァレンスを萌芽段階で捉えることの重要性を強調している。
ライフ・ステージの早い段階で、つまりは可能な限り幼少期にアンビヴァレンスを発見することは、その後の関係のねじれによる関係病理の深刻化を食い止めるためにも極めて重要である。アンビヴァレンスの芽をできるだけ早く摘み取ることである。そのことに精神療法過程で気づくことが求められているのである。
では精神療法過程で治療者はアンビヴァレンスに気づいたとして、それをどう扱えばよいのであろうか。ここではその基本となる考え方を述べてみよう。

(1)　ことばの字義に囚われない

先にアンビヴァレンスを捉えることの難しさは、意識化することの困難な情動体験記憶にあることを述べた。これは裏返して言えば、人間はかたちとなって表に現れる話しことばや行動に囚われやすいということである。「字義拘泥」[*24]という言語病理が発達障碍に特異的であるかのように考えられているが、そもそも人間は誰しも状況如何では話しことばの字義（字面の意味）に囚われやすいものなのだ。このことが「甘え」を初

＊24　「字義通り性」ともいわれ、発達障碍の中でもとりわけ成人期の発達障碍において特徴的なものとしてよく取り上げられている。話しことばを聴いて理解する際に、語り手の意図や気持ちに思いが至らず、ことばの字面の意味に囚われてしまうという言語病理をいう。

めとする情動の変化を感じることを難しくしている大きな要因なのである。

したがってわれわれ治療者は患者の話を聴く際に、ことばの字義に囚われないように心がけなくてはならない。スターン（2010）が、面接で患者が「何を語るか」にではなく、「いかに語るか」に着目せよ、と述べていることの真意はそのことを指す。フロイトが、精神分析医の面接に臨む態度として「平等にただよう注意」[*25]を指摘しているのも同じことを意味しているのだと思う。患者の語りの内容のみでなく、言外に感じられるものにも注意を注ぎ、とりわけ両者の間に立ち上がるこころの動きに敏感である必要がある。患者の基本的な対人関係のありようがそこに現出しやすいからである。

(2) 症状の背後に隠れているものにも目を向ける

第Ⅲ章で筆者は、アンビヴァレンスゆえに生じる不安や緊張を少しでも和らげたり紛らわしたりするために子どもたちが試みる対処行動が固定化したものこそ、従来考えられてきた症状を意味することを指摘した。そこでわれわれ治療者が肝に銘じる必要があるのは、患者の訴える症状には、それ以上精神的に破綻しないための防波堤の役割をも担っている側面があるということである。ただし、そうであるからとはいえ、患者自身は症状ゆえに苦悩していることも事実である。よって患者の症状を軽視してはならない。症状への対応が早急に求められる時には、薬物療法などで軽減していくことも必要となる。ただ筆者がここで強調したいのは、治療者は症状を軽減したり無くしたりすることにのみこころを奪われてはいけないということである。症状の背後に「甘え」のアンビヴァレンスが蠢《うごめ》いていることにも心しなければならない。

（3）　アンビヴァレンスの提示は慎重に行う

アンビヴァレンスが具体的にどのようなかたちで表現されるかについては、多くの事例を通して述べてきたので繰り返さないが、ここで大切になるのは、アンビヴァレンスに気づいたとしても、それを患者に対して具体的に取り上げることについてはあくまで慎重でなくてはならないということである。事例2（F男）（一二〇-一二二頁）に示されているように、いまだ治療関係が深まらない状態にあって、アンビヴァレンスを取り上げたとしてもそれは多くの場合、患者や家族の治療者に対する警戒心を強めるだけで、反治療的なものになる。なぜなら、患者は治療において、自分の気持ちをわかってもらいたい、話を聞いてもらいたいという思いは強いが、いざ治療関係が深まりそうになると、必ずといっていいほど、患者自身に不安や緊張、さらには恐怖といった感情がもたらされる。なぜこのようなことが起こるのかといえば、まさにこれこそアンビヴァレンスのなせるものなのだ。それをフロイトは**「抵抗」**と呼んだのではないかと思う。

（4）　「いま、ここで」メタファを用いてアンビヴァレンスを取り上げる

もちろん治療者はアンビヴァレンスに気づいていなければならないが、それを取り上げることが治療的意味を持つのは、治療関係がそれなりに深まり、こちらに対する警戒心が緩んだ時である。こちらが感じたこ

＊25　フロイトが精神分析で被分析者の自由連想を傾聴する際の分析家の基本的な構えとして述べたもの。すべての先入見や予断や理論による取捨選択を排して、意識的影響を遠ざけ、素材を無意識的記憶にゆだねる態度をいう（藤山、二〇〇二、四一七頁）。本書五一頁参照。

とを何でも話せるような安心感が生まれた時ともいうことができる。

では「抵抗」が生じないためにはどうするかといえば、患者のアンビヴァレンスを必要以上に刺戟することを避けるために、さり気なく、メタファ的に、暗示的に、やんわりと、時にユーモアを交え、ことばを選びながら、日常語を用いて映し返していくことが求められる。要は直示的な言い方はしないということである。

「いま、ここで」こころの動きのゲシュタルトを取り上げることが転移の理解と解釈に繋がることを述べたが、その際メタファが重要なのは、メタファで示されたことは、患者にとっても、治療者にとっても、ともに情動のありよう、つまりは「甘え」にまつわるこころの動きで、双方ともに感じ取りやすいからである。それは知的作業ではなく、感じ取る作業であって、誰にでも比較的気づきやすいものなのである。

たとえば、事例7（K男）において筆者は次のようにしてアンビヴァレンスを取り上げている。


筆者はK男と話をしていて、再び話題が広がらないこと、どこか冷めていて一歩自分を引いている感じを受けていた。それは自分を抑えているという感じとは違ったものであった。そこで筆者はそのことをK男に投げかけてみた。「あなたはいつもどこか一歩自分を引いているように感じるのだけれど？」するとK男は「そうだと思う」と素直に反応し、次のように付け加えた。「人と話す時、何を話したら良いか、とても気を遣う」。

そこで筆者は次のように尋ねた。「それだと周りの人にはあなたは何を考えているかわからないよね？」するとK男は即座に「不安なことに対して、そんな自分を見たくないんだ」と自分の気持を正直に述べ

たのである。（一四九−一五〇頁）

ここにみられるような患者の対人的構えを筆者は常々患者とのあいだで感じ取り、それが筆者の患者への働きかけに対する回避的反応だとわかっていたがゆえに、このようなかたちでアンビヴァレンスを取り上げることが可能になっている。そして、筆者にこのような指摘を可能ならしめたのは、患者自身がある程度自分を主張することに対する警戒心が薄らぎ、母親への攻撃性をもちらつかせるほどの変化を示していることに気づいていたからである。

（5）「映し返し」を有効に活用する

このようにして筆者がアンビヴァレンスを取り上げる行為は、「映し返し」[*26]ということができるが、なぜこれが重要性を帯びるかといえば、患者自身このアンビヴァレンスに気づいていないからである。治療者の映し返しを通して自らのアンビヴァレンスに気づくことによって初めて患者はそれまでのアンビヴァレンスに動かされていた自分から脱皮する道が切り拓かれていく。このことは単にアンビヴァレンスのみならず、患者自身の情動の変化全般にわたって指摘できることである。そのわかりやすい例は、以下に示す事例８（L子）に見て取ることができる。

＊26　ミラーリング mirroring ともいう。詳細は側注19（一五九頁）を参照。

幼児期のことを聞いていくと、「言うことを聞かないと川に捨てるよ！」と母親に言われたことを想起し、悲しそうに涙を流した。しかし、L子はなぜ涙が出たのか、どんな気持ちが起こったのか、わからないと言うばかりで、自分の情動の変化の意味に気づくことも困難であった。この反応に乳幼児期からの母親からの映し返しが乏しかったことが推測された。以後、面接でL子の気持ちの動きを注意深く感じ取りながら、それを取り上げて一緒に考えていくことを心掛けた。（一五九頁）

患者がなぜこれほどまでに自分の情動の変化に気づくことが難しいのかといえば、幼少期から母親とのあいだでアンビヴァレンスが強ければ強いほど、自らの情動を母親の前で表出することができない。その結果、母親も子どもの気持ちを感じ取ることができず、映し返しも困難になる。患者は自らの情動の変化を母親（に限らず他者）に感じ取ってもらい、それをなんらかのかたちで返してもらわなければ、自分の情動（感情）の意味にいつまでも気づくことができないからである。

精神療法における治療目標

最後に強調しておきたいことがある。なぜ筆者は精神療法においてアンビヴァレンスに焦点を当てることの重要性を本書で主張したかといえば、患者の幼少期の「甘え」体験としてのアンビヴァレンスを取り上げることによって、多くの場合患者は必ずと言っていいほど幼少期あるいは思春期の自分を想起するようになるからである。過去の人間関係においてこれまで自分は今と同じような対人的構えを取っていたことに気づくようになる。このことは、今の自分と幼少期ないし思春期の自分との連続性に気づくことに繋がっていく。

ここにおいて初めて患者が自分というものを発見する道が切り拓かれていくことになる。精神分析でいうところの**「洞察」**とはこのようなものではないかと思われる。筆者が精神療法で目指す治療目標もそこにあるということができるのである。

文献

土居健郎（一九九四）『日常語の精神医学』医学書院、四〇-七四頁.

土居健郎（二〇〇九）『臨床精神医学の方法』岩崎学術出版社.

藤山直樹（二〇〇二）「平等に漂う注意」小此木啓吾ら編『精神分析事典』岩崎学術出版社、四一七頁.

小林隆児（二〇一三）「原初的知覚世界と関係発達の基盤」佐藤幹夫・人間と発達を考える会編著『発達障害と感覚・知覚の世界』日本評論社、一一三-一五一頁.

鯨岡峻（二〇〇五）「関係発達について」小林隆児・鯨岡峻編著『自閉症の関係発達臨床』日本評論社、一-四五頁.

Stern, D. (2010). *Forms of Vitality*. London: Oxford University Press.

Sullivan, H.S. (1954). *The Psychiatric Interview*. New York: W. W. Norton. 中井久夫・松川周悟・秋山剛・宮崎隆吉・野口昌也・山口直彦訳（一九八六）『精神医学的面接』みすず書房.

Ⅵ

精神療法研究の原理を考える

一　人間科学におけるエヴィデンスとは何か

従来の臨床精神医学におけるエヴィデンスに対する批判

本書の最後にこのような章を設けて論じることについて、まずはその理由を述べておきたい。その最大の理由は、臨床精神医学の世界に国際診断基準としてＤＳＭ-Ⅲ（American Psychiatric Association, 1980）がわが国に紹介されて以降、急速に広がった臨床精神医学の「グローバル化」と「科学化」の流れの中で、実証性としてのエヴィデンスが強調され、evidence-based な研究でなければ価値がないとする風潮がわが国でも広まっていることについて、筆者は強い危機感を抱いているからである。

ただ誤解のないように断っておくが、筆者は臨床精神医学や精神療法において実証性を軽視しているわけではけっしてない。そのことは「はじめに」において、本書はより実証性のある研究を目指して纏めたものであるとさえ述べているからである。しかし、これまで医学において声高に叫ばれてきたエヴィデンスについてみてみると、身体医学の領域においては自然科学としてのエヴィデンスがもととなって研究が蓄積されてきた。そして臨床精神医学も医学の一分野として存在し続けるためでもあろうが、身体医学の研究方法を範として、それに倣ったかたちでのエヴィデンスをおもに取り入れてきたからである。

臨床精神医学におけるエヴィデンスとは何か。自然科学のそれとどのように異なるのか。このことを明確にしない限り、臨床精神医学における治療法としての精神療法とその研究に未来はないとさえ思えてならないからである。

精神療法の本質とは何か

先のことに関連して土居は以下のように述べている。

精神分析の立場から精神療法を学習する場合、主眼となることは治療即研究であること、治療の実体は治療者患者間の相互関係であること（『「甘え」理論と精神分析療法』六一頁）

精神療法も（中略）自然科学ではなくても、科学である以上やはりevidenceは存在せねばならないが、しかしこの頃はやりのevidence-basedでもてはやされる自然現象のevidenceではない。精神療法を研究方法とする場合のevidenceは治療関係とそこで起きる変化の中にこそある。（『臨床精神医学の方法』六九頁）

臨床精神医学におけるもっとも重要な治療の柱である精神療法は、生身の人間が生身の人間を相手にして遂行される面接を通して実践される治療法であるため、自然科学のように、観察者（精神療法においては治療者）はまるで存在しないかのように黒子として位置づけることなどできはしない。精神療法は、患者と治療者が相互に影響を及ぼし合いながら進められる方法であって、治療者は中立的で、患者からの影響を受けないような存在ではない。面接という行為は、時々刻々と変化する中で遂行されているものであるゆえ、そこで起こっている変化の中にこそ治療法としての精神療法の本質があると考えなければならないということである。

ただこれまでの精神療法研究を振り返ってみた時、土居自身、

精神分析の方では早くから治療関係が注意されていたのは事実だが、evidence としてその意義が十分に認識されていたとは必ずしもいえない。むしろ近年頓《とつ》にその重要性が増したというほうが当たっている。

（『臨床精神医学の方法』六九頁）

と述べているように、残念ながらそのことを十分に認識した上での精神療法研究の方法が検討されたことはほとんど無いに等しいと言わざるをえないのが実情なのである。

土居は「甘え」をはじめとする日常語で治療関係を理解することによって、「この場合人間関係を敏感に反映する日本語で所見を記載し、かつ思索したことで、思いもよらぬ成果を収めることができた」（六九頁）と振り返っているが、なぜ日本語で所見を記載し、思索することが成果を生んだのであろうか。そのことを検討することが本章のねらいのひとつでもある。

「主観」「間主観」の領域を扱うことこそ精神療法である

先に述べた昨今の臨床精神医学にみられる「科学化」において最大の拠り所となっているのは行動科学の考え方である。すなわち、こころの中は主観的で、それは恣意的な性質をもつがゆえに、こころそのものを

扱うことは避け、客観的とされる「行動」に特化することこそ、臨床精神医学を「科学化」する最も大切な柱であるとする理念である。

しかし、精神療法は患者と治療者各々の「主観」と「主観」が出会い、そこから始まる治療的営みである。精神療法研究を遂行しようとすれば、必ず「主観」を扱うことになるが、そのことが積極的な意味を持つことを、学問的根拠を持って語ることができなければ、精神療法と研究に未来はない。

今日、精神療法の世界で、いわば「科学的根拠」を持って取り上げられているのは、認知行動療法のみという有様であるが、その最大の理由は認知行動療法が「認知」と「行動」のみを扱うゆえに、「科学化」する上で好適であると考えられているからである。それに比して、精神分析療法などその他の精神療法の多くは、あまりにも主観的で恣意的だとみなされているのである。

第三章で述べたように、筆者は先の書『「関係」からみる乳幼児期の自閉症スペクトラム』で、行動科学の視点から生まれた「アタッチメント」ではなく、「甘え」の観点から乳幼児期の母子関係を観察することによって多大な成果を得ることができたと思っているが、それは「甘え」という日常語で素朴に母子を観察することによって、手に取るように母子双方のこころの動きを捉えることができたことに依っている。そこでは「主観」「間主観」[*27]の把握が最も重要な鍵を握っていることを実感してきた。先の土居の言「日本語で所見を記載

＊27　主観 sujectivity が個人の内面の心的状態であるのに比して、間主観 intersujectivity は、相手の主観的な状態と関わり手の主観的状態が何らかのかたちで繋がることを意味する（鯨岡、二〇〇五、一〇〇頁）。このようにして二者間に何かが共有されることによって共感という現象が可能になる。それを可能にする上で力動感の果たしている役割は極めて大きい。

し、かつ思索したことで、思いもよらぬ成果を収めることができた」と同じ思いを筆者も経験することができたのである。

二　自然科学と人間科学は本質的にどのような違いがあるか

〈主観－客観〉図式への囚われ

近代科学における自然科学が拠り所としてきた「客観性」、「普遍性」、「論理性」は非常に説得力をもつ堅固な三本柱であるため、臨床精神医学や臨床心理学などを含む人間科学領域の研究者も、この三本柱に倣って仮説を立て、データを集積し検証するという手続きを踏む量的研究を遂行することを常としてきた。

最近ではそうした動きに対する反動として量的研究から質的研究への動きも生まれつつあるが、そこでも「主観」の領域に踏み込むことに対して強いためらいがみられる。実証科学研究の枠組みに縛られ、対象者の主観を「客観的」に捉えようとしているからである。筆者はその代表的な例を質的研究として用いられることの多いＧＴＡ（グラウンデッド・セオリー・アプローチ）に見て取ることができるように思う。なぜなら、ＧＴＡでは被験者の語りをテキスト化（文字化）するという作業を通してデータ化し、それを精緻に分析するという手法を取っている。そのことによって客観性を担保していると思われるからである。そこに研究者自身の〈主観－客観〉図式への強い囚われがあるといってよい。

実はこの問題は哲学領域における最大のテーマのひとつである「認識問題」と深く関係している。この点についてあいまいなまま人間科学領域が自然科学に倣ってきたがために、人間科学研究は大きな壁にぶち当たっているのである。

〈主観 - 客観〉図式と「認識問題」

この問題について現象学の開祖エドムント・フッサール Edmund Husserl（1859-1938）は真正面から取り組んだ。この「認識問題」について、精神科学（人文科学などの人間を対象とする諸学問を指し、今日用いられている人間科学とほぼ同義である）が自然科学の実証主義に倣うことによって、生活世界での人間理解から遠ざかり、人間存在を置き去りにしてきたことに対してフッサールは強い危機意識を持って現象学という哲学領域を打ち立てたのである。

ただ残念なことにフッサールの現象学は難解なことでよく知られている。筆者は、竹田青嗣著『現象学入門』（一九八九）を参照しながら、「認識問題」の核心について、小書『「関係」からみる乳幼児期の自閉症スペクトラム』（小林、二〇一四a）でつぎのように解説している。少し長くなるが以下引用してみることにしよう。

フッサールは「認識問題」の中心にある「主観」と「客観」の問題について真正面から格闘した。なぜなら近代哲学の根本問題こそ「主観と客観」ないし「認識と対象」であったからである。「認識は、認識する主観の認識である」、「認識には、認識される客観が対立する」。そうであれば「認識は、認識された客観と認識自身との一致を確かめうるか」。つまりは、ある対象を認識する際に、その対象そのもの（客観）と認識された対象（主観）が同じかどうかをどうすれば確かめうるかという問題である。主観（本人）によるその対象の認識が、対象そのものと同じかどうかを確かめるためには、確かめる主体が主観の外に出なくてはならないが、それは不可能である。「論理的に考える限り、人間は原理的にその一致を確かめることはできない」ゆえ、〈主観－客観〉図式に孕まれた矛盾を解き明かさなければならない。これこそフッサール現象学の取り組んだ最大のテーマであった。

自然科学によってもたらされた近代科学の実証主義は、仮説を立て、実験を繰り返すことによって、仮説（＝主観）を確かめる（客観に近づく）という方法であるが、これを人文科学や人間科学の分野にも応用することによって面倒な問題が生まれることになった。〈主観－客観〉という前提から出発する限り、われわれは論理的には必ず極端な「決定論」か、それとも極端な「相対論」、「懐疑主義」、「不可知論」かのどちらかにいきつくことになった。ポストモダンの今日的思想状況がそのことを端的に示している。

フッサールは、そうならないためには発想の転換が必要であるという。なぜなら人間はただ〈主観〉の「内側」だけから「正しさ」の根拠をつかみとっているからである。したがって、問題はその原理を〈主観〉の内側に内在させていることを明らかにする点にある。

一般にわれわれが「客観」と称しているものの内実は、これが現実であることは「疑えない」と確信を持つことであるからなのだ。したがって、われわれにとって主題として考えなくてはならないのは、そのような確信がどのようにして生じるのかという〈主観〉の中での確信の条件を突きつめることだというわけである。

では人間のさまざまな判断が、これは間違いない、「不可疑だ」という確信を伴うことの根拠はなにか。

〈知覚〉だけは、つねに意識の自由にならないものとして現れる。〈主観〉は自分の外側にあるものの実在の「確実性」を、主＝客の「一致」という仕方で得ているのでは全くない。〈主観〉はそれをただ自分の内部からのみ、なんらかの対象存在の「不可疑性」（＝妥当）という仕方でだけ得ている。そして〈主観〉にそういう「不可疑性」を与える根本の条件は〈知覚〉という〈主観〉にとって自由にならないものの存在にほかならない、と説く。ここでいう〈知覚〉は、現象学では「自分のうちに生じるさまざまな意識表象のうち、意識の自由にならず、その志向力の彼岸になるようなものとして現われ出る意識対象」と定義され、「疑いえないもの」、「ほんとうのもの」という確信一般を人間に生じさせる「源泉」であるという。そして、〈知覚〉は〈覚〉だけでは成立せず、〈知〉を含んでいる。よって〈知覚〉においては、かならず〈……として知覚する〉のであって、〈知覚〉だけは、つねに意識の自由にならないものとして現れる。現象学では、このような〈……として知覚する〉という意識の特性を「意識の志向性」と称している。（一九―二一頁）

われわれ自身の〈主観〉の内側に確信を与えるものは何か。研究者自身がそのことを確実に掴み、自己開示し、他者も同様の〈主観〉による内省作業を行う。そのことによって相互間で「もはやこれ以上疑うことのできない」ものとしての確信が生まれてくる。共通認識を目指すこのような共同作業の過程こそ、これまでわれわれに「客観的だ」と思わせてくれているものの内実なのだ。このことは、人間科学領域における対人援助全般に通底する意味（関係が変わり、相手のこころに何らかの変化が起こること）を考えていく上で、われわれに大きな力を与えてくれるのではないか。つまり研究者自身が自らの〈主観〉に徹底的に向き合い、その中で確かなものとして掴むものが、自己理解、他者理解、関係理解において根本的に重要なのだということである。

三　精神療法研究におけるエヴィデンスとは何か

アンビヴァレンスはどのようにして感知されているか

以上のことを踏まえて、本書のテーマであるアンビヴァレンスを、われわれは精神療法においてどのように感知しているか再度振り返ってみよう。

治療者が患者との二者関係においてアンビヴァレンスというこころの動きを感知することができるのは、二者間で相互に影響し合いながら展開する面接での変化をアクチュアルに捉えているからである。ここで重要なことは、そこでアンビヴァレンスを感知することを可能にしているのが力動感[*28]という原初的知覚だということである。

原初的知覚はあらゆる刺戟の動きの変化を鋭敏に捉えるという特性を持つが、そうした機能はわれわれ自身の知覚体験に根ざしている。力動感は自らの体験として内省的に、しかもそれをゲシュタルトとしてしか把握することのできない性質のものである。つまりはそれを目に見えるかたちで「客観的に」提示することはできないということである。しかし、治療者が面接において自ら力動感をもって捉えることのできた二者関係でのこころの動きをことばにして患者に映し返すことによって、患者自身も同じ知覚体験に気づき、腑に落ちるようにして洞察が進むということが本書で述べた多くの面接過程を通して示されている。このようにして感知した治療者自らの知覚体験を言語化するプロセスこそ、土居が晩年に強調した「メタファを解するこころ」に直結するものであることは言うまでもない。

精神療法研究におけるエヴィデンス

〈患者 - 治療者〉関係の中で治療者が感じ取った手応えを自らの内面のこころの動きのゲシュタルトとして捉え、それをなんらかのかたちで言語化し、患者と共有することによって、そこに治療的作用が働くと考えることができることから、精神療法において追求すべきエヴィデンスとは、面接の中で治療者が感じ取ったことを他者にもわかるかたちで言語化し、共通了解を図るべく行う作業を通して得られるものである。

その最大の根拠は、面接でわれわれが原初的知覚によって感知する体験はわれわれ自身の意思ではどうにもならないものとしてわれわれの内面に立ち上がってくるからである。これこそこれまで論じてきた現象学的立場の最大の拠り所なのだ。われわれはこの知覚体験に依拠することによって「これ以上疑い得ないもの」を共通に感じ取ることが可能になり、そこに共通了解が生まれる突破口が切り拓かれる。このような作業を通して初めて「客観的」と納得することが可能になっていく。われわれが「客観的」だと通常認めているも

＊28　力動感は原初的知覚の一種であるが、これと類似した概念に相貌的知覚がある。両者ともに五感とは異なり、あらゆる刺戟の動きの変化を鋭敏に捉えるところに特徴がある。ただし、前者は刺戟の動きの変化に、後者は刺戟がまるで生き物であるかのように感じるところに力点が置かれているという違いがある。

の内実はこのような性質のもので、これこそ人間科学におけるエヴィデンスを意味するといってよい。[*29]
したがって、原初的知覚としての力動感が、刺戟の動きの変化を鋭敏に感知するのみならず、そこで同時に情動の変化をも体感する知覚様態であることを考えると、筆者の実践する「甘え」とそのアンビヴァレンスに焦点を当てた精神療法は、まさに現象学的観点に立ち、治療即研究としての実践であるということができるのである。

四　関係病理としての「あまのじゃく」の意義について

症状や徴候はどのようなプロセスを経て概念化されるか

これまで人間科学におけるエヴィデンスは「客観」を求めることからではなく、あくまで「主観」に徹底的に向き合う中で得られるものであることを論じてきた。

本書で筆者は関係病理を捉える上で「あまのじゃく」という概念を提起したが、このようにある精神病理現象に対して何らかの用語によって概念化する際に、考えなければならないのはどのようなことなのであろうか。

そこで、臨床精神医学に限らず臨床医学においてそもそも症状 symptom や徴候 sign がどのようなプロセスを経て新たな概念として生み出されるのかを考えてみたい。

なぜこのような問題を考える必要性に迫られたかといえば、臨床精神医学の領域での臨床診断における症状や徴候のもつ意味はすこぶる重いものがあるからである。身体医学のように臨床検査所見が診断の際の大きな手がかりとなることはほとんどなく、臨床精神医学における診断の作業は、症状の特徴の列挙で行われている。しかし、ここで取り上げられる症状や徴候について、われわれはこれまで深く検討したことがあるだろうか。筆者の疑問はそこにある。

このことについて、土居（一九九二）は『新訂 方法としての面接――臨床家のために』の中で、付録として「臨床的研究の方法論」（一二六－一四七頁）という章を設け、そこで症状について語っている。その際、土居が参照したのはファインシュタイン Feinstein（1967）の *Clinical Judgment*（臨床的判断）という本である。土居がこの書を取り上げようと思った大きな動機は、内科医であるファインシュタインが症状や症候についてつぎのように述べていたからである。

〔診断、予後ならびに治療を考える際に、症状と徴候がそれぞれ異なる意味を持つが、そこでの〕最大の問題は、症状と徴候がどのようにして確立されるかというそのプロセスである。まずある現象が患者もしくは医師の感覚によってとらえられる（sensation）。ついでその感覚の特性が見極められ（specification）、最後にこのようにして取り出された現象が名付けられる（designation）。そしてこれが症状ないし徴候と呼ばれるものである。（一三六頁）

＊29　現象学ではエヴィデンス（英）evidence、（独）Evidenz は通常「明証性」と訳されている。

〔現況の精神医学に対する批判として〕前以てコミュニケーションの基本語が正確に理解されているのでなければ、精神科医の行う解釈や分類に何ら科学的信頼性は存しない。にもかかわらず人間の感覚に関する語彙――それらは精神疾患の診断・発生病理・治療についてのいかなる概念においてもその元をなすものであるが――、この語彙の正確な使用は、現在の精神医学の基礎研究においてほとんど顧みられていないのである。（二四六‐二四七頁）

このようにファインシュタインは、診察に当った医師の感覚自体を正確に記述する必要性を説き、その中で、「感覚の記述を抜きにして、それが意味すると考えられる症状名や徴候名だけを記すことはあいならぬという。」（二四六頁）

一見すると症状や徴候は客観的な指標の代表のように思われがちであるが、その概念の成立過程を辿っていくと、最初に臨床医ないし患者がなんらかの違和感を抱くことが出発点にあるということである。それが sensation である。そしてその感じたことを従来の類似した症状や徴候といかに異なった性質のものか、その相違点を浮かび上がらせることで、それが specification といわれるものである。そして最後にそれを名付ける作業が designation だという。

ただしここで使われている designation は、名付けるという意味よりも、その特徴の輪郭を明瞭にするという意味合いを持った単語であることを考えると、このプロセスにおいて筆者はぜひとも description、つまり記述すること、を追加すべきだと思う。なぜなら designation という作業のもっとも重要な点は、その感覚でとらえた現象の特徴をなんらかのゲシュタルトとして捉え、従来の類似の現象との対比によってその差異を際立たせることにある。ゲシュタルトとして捉える段階と、言語化する段階は明確に分けることこそ、精神療法において極めて重要な過程であると考えるからである。実はこの過程こそ土居の強調する「メタファを解するこころ」であるのだ。

そして最後に症状、徴候として名付ける作業（命名）をdescriptionとするならば、そこでは症状の意味するものを、社会的、歴史的、対人関係的文脈の中で捉えて記述することが求められる。臨床医（精神科医）にとって、その症状の起源は臨床医自身が患者との出会いの中で感じ取ったことを「あるがままに」「感じるままに」「日本語、とりわけ日常語で」「わかりやすく」描くことが大切になる。ここですぐに専門家の知識を披瀝したい欲望に駆られて専門語に置き換えるようなことがあってはならない。常に類似の既成概念との異同を意識して感じたままに、それに近いかたちで表現しなければならない。それこそ、土居が大切にしてきた「日本語で所見を記載し、思索すること」であるからである。

以上、症状がどのようにして確立されるのかについて筆者が取り上げたのは、ぜひとも臨床研究に従事している者に気づいて欲しいと思ったからである。それは何かといえば、新たに症状が生み出される契機となるのは、臨床医が患者を前にして捉えた現象に対してなんらかの違和感を感じ取ることである。臨床医が主観的に感じ取ることこそもっとも大事な出発点であるのだ。それなくして新たな症状記述はありえない。ここにこそ筆者が現象学的立場から本書を纏め上げた最大の根拠がある。そして、本書で筆者が「甘え」のアンビヴァレンスをより洗練させたかたちで「あまのじゃく」を表題に掲げたのも、まぎれもなく筆者が主観を通して確かなものとして感じ取ったことが出発点となっているのだ。

以上からわかるように、臨床医を初めとして臨床に従事する者にとって患者理解と治療を考える上でもっとも留意し大切にしなくてはならないのは、臨床家自ら感じ取ったことである。それを放棄したならば、そこに臨床家の存在価値はないとさえいえるのである。

精神療法研究における「あまのじゃく」という関係病理のもつ意味

以上のことを考えていくと、本書で筆者が「あまのじゃく」としてとらえた関係病理の概念化が精神療法研究においていかなる重要な意味を持つかが明確になってくる。

患者と治療者の二者関係の面接過程で、アクチュアルにしか捉えることのできない関係病理として「あまのじゃく」を概念化する作業は、まさに本章で論じたことと符合すると思われるからである。

関係の中での相互のこころの動きをゲシュタルトとして捉えて「あまのじゃく」とした最大の根拠は、治療者自らの主観に向き合い、そこで感じたこと、つまりはその力動感をまずは感知し、その特徴をゲシュタルトとして捉え、ついで日本語として馴染み深い「あまのじゃく」として概念化できると筆者は考えたことにある。

この関係病理を多くの患者との治療面接で捉えることによって、精神療法における治療的転機が訪れ、患者ないしはその家族の洞察が生まれていることから、この関係病理としての「あまのじゃく」が患者にとって腑に落ちる体験となり、幼少期と今の自分との連続性がそこで生まれ、「自分」を再発見することにつながっているということがわかる。

土居の「甘え」理論の中核的概念であるアンビヴァレンスが面接においてどのようなかたちで感知され取り上げられてきたのか、今ひとつ判然としなかったことを考えると、日本語の「あまのじゃく」として概念化した「甘え」のアンビヴァレンスとしてのゲシュタルトは、「甘え」理論のさらなる明確化へと繋がるのではないだろうか。

さらには精神療法過程で患者と治療者がともに重要なものとして体感したこころの動きを「あまのじゃく」として概念化する試みは、精神療法を実践する者同士で共通了解を目指すための筆者の問題提起であるが、これこそ人間科学の一領域としての精神療法におけるエヴィデンスの探究として位置づけることができるのではないか。本書での筆者の最大のねらいと期待はそこにあるということができるのである。

「あまのじゃく」という関係はすべて病的なのか

筆を擱くにあたってひとつ気がかりなことがある。読者から「あまのじゃく」な態度はすべて病的なのかという疑問が出されることが予想されるからである。

筆者は、さまざまな精神病理を呈する患者の対人的構えに「あまのじゃく」と称する関係病理を〈患者−治療者〉関係の中で捉え、それを取り上げることが精神療法の核心に繋がることを述べた。

「あまのじゃく」と聞けばまず読者が思い浮かべるのは、日常的に目にする文字通り「あまのじゃく」な子どもであろう。そのような子どもを取り上げてむやみにその母子関係を問題視することになりはしないかという危惧がある。もちろんこのような「あまのじゃく」な子どもと母親との関係に「甘え」をめぐる問題が関与していることは間違いない。しかし、それが近い将来、必ず病因的に作用するとは限らない。あからさまに「あまのじゃく」な態度が見て取れる場合は、親も子どもの「甘え」を感じ取って、それなりの対応が期待されるからである。

本書で取り上げた事例をみればわかるように、初診時に誰が見ても「あまのじゃく」な対人的構えを取っている患者はまずいない。なぜかといえば、病因的に作用している「あまのじゃく」と称した「甘え」のアンビヴァレンスは潜在化し、表には現れていないからである。前景に出ているのは精神病理の表現型としての症状である。その症状ゆえに患者は苦しみ、治療を求めて精神科を受診しているのであって、強いアンビヴァレンスによって自分が動かされていることに気づくことはない。症状に圧倒されているところにこそ問題の所在がある。

そこでわれわれ臨床家の果たすべき役割は、患者には気づくことの困難なアンビヴァレンスを精神療法の中で目に見えるかたちで捉え、患者への気づきを促すことである。その際、アンビヴァレンスという関係病理を「あまのじゃく」として概念化することが〈患者 - 治療者〉関係の中でアンビヴァレンスを捉える上で役立つのではないか。本書で筆者が主張したかったのはそのことである。

「あまのじゃく」の背景に潜む養育者のアンビヴァレンス

もうひとつ、最後に強調しておきたいことがある。患者の症状が軽快して自分を取り戻すことができるようになると、多くの場合で、その養育者である母親自身の幼少期体験が前景に浮かび上がってくる（小林、二〇一四b）。それはなぜかといえば、母親自身が幼少期に強いアンビヴァレンスを体験しているために、親になって子育てに従事すると、子どもの「甘え」を否定的に捉えたり気づきにくかったりすることが少なくないからである。つまり、「甘えたくても甘えられない」子どもの背景には「甘えさせたくても甘えさせられない」母親の存在が潜んでいることが少なくないということである。このような場合、母子関係に悪循環が生じやすく、子どもの「甘え」のアンビヴァレンスは一層強まることが懸念される。そのように考えると、「あまのじゃく」という関係病理が病因的に作用するか否か、その鍵を握っているのは、このアンビヴァレンスに対する当事者の気づきだということができる。もちろん、当事者とは患者やその家族のみならず治療者も含まれていることを忘れてはならない。治療者が自らのアンビヴァレンスに気づかずして、患者の「あまのじゃく」を捉えることなどできるはずはないからである。

自らの対人的構えとしてのアンビヴァレンスに気づくことが、現在の自分と幼少期の自分を繋げ、自分というアイデンティティを発見する道を切り拓いてくれる。ひとりの人間としての土居健郎が生涯を通して求めていたのはそういうことなのではないかと思われてならないのである。

文献

土居健郎（一九九二）『新訂 方法としての面接――臨床家のために』医学書院.
土居健郎（一九九七）『「甘え」理論と精神分析療法』金剛出版.
土居健郎（二〇〇九）『臨床精神医学の方法』岩崎学術出版社.
Feinstein, A.R.（1967）*Clinical Judgment*. New York: Williams & Wilkins.
小林隆児（二〇一四a）『「関係」からみる乳幼児期の自閉症スペクトラム』ミネルヴァ書房.
小林隆児（二〇一四b）「発達障碍と世代間伝達」『乳幼児医学・心理学研究』二三、一二九－一三六頁.
鯨岡峻（二〇〇五）『エピソード記述入門』東京大学出版会.
竹田青嗣（一九八九）『現象学入門』ＮＨＫ出版.

おわりに

本書は土居健郎の「甘え」理論について、筆者の依って立つ関係発達臨床の最新の知見をもとに再照射することによって「甘え」体験の重要性を再認識するとともに、発達的観点から精神病理を再構築するという狙いをもって纏められたものである。

筆者が神経症圏を対象に精神療法を論じていることに、読者の中には驚かれた方も少なくないのではないか。これまで筆者は自閉症をはじめとする発達障碍に焦点を当てた著書ばかり出版してきたからである。母子ユニットでの一四年間の臨床経験が筆者に与えた影響は当初の予想をはるかに越えるものであった。それは歳を重ねるにつれてより一層実感するようになった。

昨年上梓した『「関係」からみる乳幼児期の自閉症スペクトラム』（ミネルヴァ書房）で、発達障碍の精神病理とその成り立ちを「甘え」のアンビヴァレンスを根本の心理機制として理解することを提唱したが、この考え方を基盤にして精神療法の実践を改めて見直す中で、いかなる年齢層の患者であろうと、さらにはいかなる病態を示す患者であろうと、〈患者‐治療者〉関係を「甘え」のアンビヴァレンスに焦点を当てながら見ていくと、患者理解は一段と深まり、治療の機序も目に見えるようにして捉えることが多少なりともできるようになったからである。

＊

筆者が精神科医としての研修を希望して入局したのは福岡大学であった。その最大の理由は臨床精神医学の修練には当時設立されたばかりの福岡大学精神医学教室がもっともふさわしいと判断したからであった。入局間もない頃、この教室は、主任教授西園昌久先生のほか、児童精神科医として直接指導を受けた村田豊久先生、牛島定信先生（のちの東京慈恵医科大学精神科教授）という錚々たるメンバーで構成されていた。「東の慶応大学、西の福岡大学」といわれるほどに精神分析を基盤とした力動精神医学に基づく精神医療が実践され、非常に活気のある教室であった。そのようななかで筆者は臨床精神医学を学んだことから、当然精神分析についても耳学問で表面的には理解するよう努めていたが、正直なところ、当時は精神分析に対してはどこか一歩距離を置いていた。児童精神医学を志していたということも大きいが、どこか馴染めないものを感じ取っていたからである。しかし、耳学問とはいえ、精神分析が自分に与えた影響は小さくなかったことを、今更ながら痛感している。本書を纏める過程で、自分の患者理解の柱となっているのは、やはり精神分析を基盤とした力動精神医学であることを再認識したという思いが強い。当時ご指導いただいた西園昌久先生、村田豊久先生、牛島定信先生に改めて心よりお礼申し上げたいと思う。

＊

本書の鍵概念である「アンビヴァレンス」ならびに原初的知覚である「相貌的知覚」と「力動感」はいずれも鯨岡峻氏（元京都大学大学院教授）との学問的交流なくしては生まれていない。一三年間の臨床精神医学の修練の後、福岡大学を離れ、ひとり大分の地で臨床研究に取り組むことを余儀なくされた筆者であったが、まもなく氏との出会いがあった。そこで筆者はそれまで蓄積してきた臨床研究にひとつの重要な示唆をいただいた。今振り返ると、それは現象学的なものの見方ということになるが、具体的には当時主に取り組んでいた自閉症の人々の知覚体験を当事者主体の側から捉え直すことであった。以来、どのような患者に出会っても、彼らが主体として外界刺戟をどのように感じ体験しているのか、という視点で考えるという習慣が身に付いたように思う。氏との出会いに心より感謝したい。

＊

筆者にとって土居の「甘え」理論との出会いは精神科医になって間もない頃であったと記憶している。一九七一年に『「甘え」の構造』が出版されているが、筆者が医学部を卒業して精神科医になったのが四年後の一九七五年であるから、恐らくはその頃手にしたのではないかと思う。しかし、なぜか彼の生前、筆者は一度も直接ことばを交わしたことはなく、講演も遠くから耳にしたことはあってもごくわずかで、あまり記憶にない。今振り返ってもそれが何故なのか、なぜそうした機会がなかったのか、不思議でならない。

しかし、幸いなことに、土居健郎を最も深く理解し、一番弟子でもあった小倉清先生（クリニックおぐら院長）と身近に接する機会を得て、これまで幾度となく対談（『「甘え」とアタッチメント』、『子どものこころを見つめて』ともに遠見書房に収載）をする機会を持てたことはとても幸いなことであった。土居が生前何を考えながら臨床に従事していたか、小倉先生を通して多少なりともわかるようになったからである。本当に有り難いことである。そのご厚意に心よりお礼申し上げたい。

＊

四年前から筆者は「哲学と臨床を語る会」を主宰し、そこで哲学の視点から臨床精神医学や臨床心理学を検討する機会を持っている。ここでの議論が本書を書く上で大きな原動力となっていることを実感している。いつも刺戟的な議論で筆者を鼓舞してくれている哲学者の西研氏（東京医科大学教授）および著述家の山竹伸二氏にお礼申し上げる。

最後に、「あまのじゃく」について幾多の文献をご教示いただいた古田雅則教授（西南学院大学人間科学部）にお礼申し上げる。

今回本書を纏めるにあたり、西南学院大学から研究インキュベートプログラムの助成を受けた。

この度『「甘え」の構造』他土居健郎の著作の多くを出版してきた弘文堂から本書を出版していただく機会を得たことは筆者にとって何より嬉しいことである。編集者の外山千尋さんには丁寧な本作りをしていただいたことに感謝申し上げる。

本書が、わが国で生まれ、諸外国にも誇れる「甘え」理論と精神療法を改めて見直す契機になればと願っている。

博多の地にて

平成二七年三月

小林隆児

著者紹介

小林　隆児（こばやし　りゅうじ）

1949年鳥取県米子市生まれ。児童精神科医、医学博士、日本乳幼児医学・心理学会理事長。1975年九州大学医学部卒業。福岡大学医学部精神医学教室入局後、福岡大学医学部講師、大分大学教育学部助教授、東海大学健康科学部教授、大正大学人間学部教授を経て、2012年より西南学院大学人間科学部教授、現在に至る。

メールアドレス：ryuji@seinan-gu.ac.jp

単著

『自閉症の発達精神病理と治療』岩崎学術出版社、1999年

『自閉症の関係障害臨床——母と子のあいだを治療する』ミネルヴァ書房、2000年

『自閉症と行動障害——関係障害臨床からの接近』岩崎学術出版社、2001年

『自閉症とことばの成り立ち——関係発達臨床からみた原初的コミュニケーションの世界』ミネルヴァ書房、2004年

『よくわかる自閉症——関係発達からのアプローチ』法研、2008年

『自閉症のこころをみつめる——関係発達臨床からみた親子のそだち』岩崎学術出版社、2010年

『関係からみた発達障碍』金剛出版、2010年

『「関係」からみる乳幼児期の自閉症スペクトラム——「甘え」のアンビヴァレンスに焦点を当てて』ミネルヴァ書房、2014年

『甘えたくても甘えられない——母子関係のゆくえ、発達障碍のいま』河出書房新社、2014年

編著・共著

『自閉症の関係発達臨床』（小林隆児・鯨岡峻編）日本評論社、2005年

『自閉症とこころの臨床——行動の「障碍」から行動による「表現」へ』（小林隆児・原田理歩著）岩崎学術出版社、2008年

『子どものこころを見つめて——臨床の真髄を語る』（対談　小倉清・村田豊久、聞き手　小林隆児）遠見書房、2011年

『「甘え」とアタッチメント——理論と臨床』（小林隆児・遠藤利彦編）遠見書房、2012年

『発達障害と感覚・知覚の世界』（佐藤幹夫・人間と発達を考える会編）日本評論社、2013年

『人間科学におけるエヴィデンスとは何か』（小林隆児・西研編）新曜社、2015年（近刊）

ほか、論文多数

あまのじゃくと精神療法――「甘え」理論と関係の病理

2015（平成 27）年 5 月 30 日　初版 1 刷発行

著　者　小 林　隆 児
発行者　鯉 渕　友 南
発行所　株式会社　弘 文 堂　101-0062　東京都千代田区神田駿河台 1 の 7
TEL 03(3294)4801　振替 00120-6-53909
http://www.koubundou.co.jp

装　幀　高 嶋 良 枝
印　刷　三 報 社 印 刷
製　本　井 上 製 本 所

ISBN978-4-335-65167-0